10대에 꼭 읽어야 할

탈무드 32가지

10대에 꼭 읽어야 할
탈무드 32가지

초판 1쇄 인쇄 2023년 03월 15일
초판 1쇄 발행 2023년 03월 20일

지은이 김옥림
펴낸이 이태선
펴낸곳 창작시대사

주소 경기 고양시 일산동구 장백로 20 굿모닝힐 102동 905호
전화 031-978-5355
팩스 031-973-5385
이메일 changzak@naver.com
등록번호 제2-1150호 (1991년 4월 9일)

ISBN 978-89-7447-272-6   43190

10대에
꼭 읽어야 할

탈무드
32가지

김옥림 편저

창작시대사

곧은 생각 밝은 마음
참 좋은 꿈을 키우는 지혜

우리나라에는 수많은 《탈무드》책이 번역 출간되었습니다. 그런데 대부분이 같은 형식에 표현만 조금 달리한 것입니다. 게다가 10대를 위한 《탈무드》는 거의 없습니다. 있다고 해도 10대를 위한 것이라기보다는, 일반적인 《탈무드》내용을 그대로 제시한 것이 대부분입니다. 그래서 이 책은 이와 같은 단점을 개선하여 좀 더 10대들이 쉽게 읽을 수 있도록 새로운 형식으로 재미있게 구성하여 새롭게 썼습니다.

이 책에 대한 몇 가지 특징입니다.

첫째, 《탈무드》에 보면 10대에게 부적절한 내용이 많이 있습니다. 이런 부분은 모두 가려내고, 10대에게 알맞은 내용을 위주로 하여 10대들이 쉽고 재밌게 읽도록 하였습니다.

둘째, 매 꼭지 마다 〈생각비타민〉이라는 포인트를 넣어 10대들이 사리분별력을 기르는데 도움을 주었습니다.

셋째, 일반적인 《탈무드》내용은 10대들이 읽기에 딱딱하고 너무 짧습니다. 그래서 내용을 살리는 범위 내에서 우화로 새롭게 꾸미고, 이야기 글을 넣어 읽는 데 지루하지 않게 하였습니다.

넷째, 10대들이 따라서 배우면 좋을 훌륭한 유대인들을 소개하고, 10대의 말과 행동을 변화시키는 좋은 글을 넣어 알차게 꾸몄습니다.

이 책을 읽고 나면 새로운 생각, 따뜻한 마음으로 가득 찰 것입니다. 그래서 지금 보다는 좀 더 의젓하고 곧은 10대가 될 것으로 믿습니다.

10대 여러분! 꿈과 지혜가 함께 하길 기원합니다.

김옥림

Contents

 꿈을 길러주는 이야기

제2부 지혜를 길러주는 이야기

제1부

·

꿈을 길러주는
이야기

01

지식의
소중함과 가치

　지식의 사전적 의미는 '교육이나 경험, 연구를 통해 얻은 체계화된 인식의 총체(모든 것)'를 말합니다. 그러니까 학습과 독서, 직접적인 경험과 간접적인 경험, 그리고 그것을 바탕으로 하는 연구를 통해 길러지는 깨달음과 상식 등을 말하는 것으로 지식의 범주는 매우 크고 넓고 깊습니다.

　"지식은 감정보다 소중하고 삶보다도 소중하다."

　이는 러시아의 소설가 도스토예프스키가 한 말로, 지식이 인간에게 있어 얼마나 중요한지를 잘 알게 합니다.

지식을 기르는 가장 보편적이고 가장 효과적인 방법은 배우는 것입니다. 우리 10대들이 학교에서 배우는 것은 단지 좋은 학교를 가고 좋은 직장에 취업하기 위해서가 아닙니다. 이는 배움의 목적 중 하나일 뿐이지요. 정말로 중요한 것은 인격을 갖춘 지성인이 되는 것입니다. 그런 까닭에 배울 때는 열심을 다해 배우고 즐거움 마음으로 해야 하는 것입니다. 이에 대해 공자는 이렇게 말했습니다.

"배우고 그것을 익히면 또한 기쁘지 아니한가."

공자의 말에서 알 수 있듯 배우고 익히는 기쁨이 그만큼 크다는 것을 잘 알게 합니다. 지식의 소중함과 가치에 대해 잘 알게 하는 이야기입니다.

배가 바다를 항해하고 있었습니다. 그 배에는 부자들만 타고 있었지요.

"나는 커다란 집에 끝이 안 보이는 땅을 갖고 있지요. 그리고 금고엔 보석이 가득 하답니다."

어떤 사람이 이렇게 말하며 어깨를 으쓱거렸습니다.

"그래요? 나는 집체만한 금고에 엄청나게 많은 금은보화가 있지요. 보기만 해도 광채가 번쩍거리는데, 그것만 바라보아도 배가 부르답니다."

키가 크고 턱수염이 난 사람이 말했습니다.

"그래요? 겨우 그 정도 갖고 뭘 그러십니까? 나는 우리가 타고 있는 배보다 더 큰 금고를 가지고 있지요. 그 금고엔 다이아몬드와 보석이 가득 차 있습니다. 그리고 돈도 산더미처럼 쌓여 있답니다. 지금 내 짐 꾸러미는 모두가 금은보화지요."

첫 번째, 두 번째 사람은 세 번째 사람이 하는 말을 듣고 입을 딱 벌렸어요. 그도 그럴 것이 자기네 보다 더 엄청난 부자였기 때문이지요. 그 모습을 물끄러미 바라보고 있던 랍비가 웃으며 말했습니다.

"그 정도로는 큰 부자라 할 수 없지요. 나는 내가 가장 큰 부자라고 생각합니다."

"그래요? 얼마나 많은 재산을 갖고 있는데, 나보다도 더 큰 부자라고 하는지요?"

세 번째 사람이 궁금한 표정으로 물었습니다.

"지금은 말할 수 없습니다."

"왜요? 무슨 일이라도 있나요?"

"아니요. 두고 보면 압니다."

랍비의 말을 듣고 세 사람은 고개를 갸우뚱거렸습니다.

그리고 얼마 뒤, 배는 해적의 습격을 받았습니다. 무시무시한 해적 앞에 부자들은 벌벌 떨었지요.

"갖고 있는 돈과 보석은 다 내 놓아라! 그러면 목숨만은 살려주겠다."

기세등등한 해적의 말에 부자들은 앞 다투어, 자신들이 가지고 있던 돈과 보석들을 내 놓았습니다.

"오늘은 운이 아주 좋군. 이것들을 모두 우리 배에 옮겨 실어라!"

해적 대장의 말에 부하들은 신이 나서, 보석이 들어 있는 짐을 옮겼지요. 재산을 빼앗긴 부자들은 허탈한 얼굴이 되어, 멍하니 서로를 쳐다보았습니다. 그러나 아무것도 가지고 있지 않은 랍비는 잃은 것도 손해 본 것도 없었지요.

잠시 후 배는 어느 항구에 닿았습니다. 배에서 내린 사람들이 사라지고, 얼마 간의 시간이 지난 뒤 랍비는 같은 배를 탔던 부자들을 만났지요. 그들은 하나같이 초라해져 있었습니다.

"확실히 당신이 옳았습니다. 배운 사람은 이미 모든 것을 가진 것이지요."

그들의 말을 듣고 랍비는 빙그레 웃었습니다.

이는 《탈무드》에 나오는 〈재물〉이란 이야기입니다. 이 이야기에서도 알 수 있듯이 진정한 재물은 돈도 아니고, 다이아몬드와 같은 보석도 아닌 '지식'이라는 것을 알 수 있습니다.

서로 자신들이 부자라며 앞세우던 사람들은 가진 것 모두를 빼앗기고 빈털터리가 되고 말았습니다. 그러나 랍비는 돈은 없었지만, 돈 많은 부자들이 갖지 못한 지식을 가짐으로써 강도로부터 아무런 피해도 입지 않았습니다. 지식을 가진 랍비야말로 진정한 부자인 것입니다.

그렇습니다. 돈과 보석은 있다가도 없을 수 있지만, 한 번 쌓은 지식은 영원히 변치 않고 새벽별처럼 빛나며 그 사람의 가치와 품격을 높이는 살아있는 보석이랍니다.

"좋은 시절 부지런히 힘쓰라." 이는 당나라 시인 도연명이 한 말로 좋을 때 즉 몸과 마음이 풋풋하고 정신이 맑을 때 열심히 배우기를 다하라는 말입니다.

우리의 10대들은 배움에 힘써 지식 쌓는 일을 즐겁게 하기 바랍니다. 그 지식이 여러분의 삶을 보람되고 가치 있게 할 테니까요.

생각비타민

돈과 보석과 같은 재물은
있을 땐 사람을 기분 좋게 하지요.
하지만, 잃게 되면 사람을 속상하게 한답니다.
재물은 있다가도 없고, 없다가도 있지요.
그러나 배운 지식은 항상 그대로 남아 있지요.
지식이야말로 가장 빛나는 보석이며
매우 소중한 것입니다.

02

그가 하는 생각은
그 사람이다

사람들은 저마다 환경이 다르고 성격이 다르고 배움이 다르듯 생각도 다릅니다. 이를 '생각의 차이'라고 하지요. 그런 까닭에 같은 문제를 놓고도 서로의 생각이 다른 것입니다. 그런데 여기서 중요한 것은 누구의 생각이 옳고 그른가 하는 것입니다.

생각을 어떻게 하느냐에 따라 그 사람의 됨됨이와 가치가 달라지기 때문이지요. 어떻게 생각하고 판단하는가는 그만큼 중요한 것입니다. 생각의 중요성에 대한 몇 가지의 말입니다.

"우리는 오늘 우리의 생각이 데려다 놓은 자리에 존재한다. 우리는 내일 우리의 생각이 데려다 놓을 자리에 있을 것이다."

이는 미국의 작가 제임스 알렌이 한 말로 생각에 따라 우리의 삶의 위치가 달라진다는 것을 의미합니다. 삶의 좋은 자리에 놓이고 싶다면 좋은 자리에 놓일 수 있도록 생각하면 된다는 말이지요.

"위대한 생각을 길러라. 우리는 어떤 일이 있어도 생각보다 더 높은 곳으로 오르지 못한다."

이는 영국의 위대한 정치가 벤저민 디즈레일리가 한 말로 그 사람의 삶을 결정하는 것은 생각임을 뜻하지요. 즉, 그 사람이 생각하는 만큼 되어 지고, 위대한 사람이 되고 싶으면 위대한 생각을 하면 되는 것입니다.

"당신의 인생은 당신이 하루 종일 무슨 생각을 하느냐에 달려 있다."

이는 미국의 철학자이자 사상가인 랠프 왈도 에머슨이 한 말로 그 사람이 어떤 생각을 하느냐에 따라 그 사람의 인생이 결정된다는 의미이지요.

제임스 알렌, 벤저민 디즈레일리, 랠프 왈도 에머슨의 말에서 알 수 있듯 어떻게 생각하느냐는 매우 중요하다는 것을 알 수 있습니다. 다음은 생각의 차이가 얼마나 중요한지를 잘 알게 하는 이야기입니다.

그리스 알렉산더 대왕이 이스라엘을 방문 했을 때 있었던 일입니다. 알렉산더 대왕을 보고 한 유대인이 말했습니다.

"알렉산더 대왕님, 우리가 가지고 있는 금과 은을 보고 싶지 않습니까?"

그러자 알렉산더 대왕이 말했지요.

"금과 은은 나에게도 많이 있소. 그런 것 말고 당신들의 전통과 당신들이 어떤 것을 옳은 뜻으로 여기는지, 난 단지 그것을 알고 싶을 뿐이요."

뜻밖의 말에 유대인은 머쓱한 얼굴로 그를 쳐다보았습니다.

알렉산더 대왕이 이스라엘에 머무르고 있던 어느 날, 두 남자가 랍비를 찾아와 자신들의 말 중 누구의 말이 옳은지 판결해 달라고 했지요.

"내가 이 사람한테 넝마더미를 샀는데, 그 넝마더미에서 많은 돈이 나왔습니다. 그래서 나는 내가 산 것은 넝마지 돈까지 산 게 아니어서, 돈을 이 사람에게 돌려주려고 했더니, 이 사람이 받지 않았습니다."

"그래요? 왜 당신은 돌려주는 돈을 받지 않았나요?"

랍비는 넝마를 판 사람에게 물었습니다.

"나는 넝마를 송두리째 팔았기 때문에, 그 속에 들어 있는 게 무엇이든 모두 넝마를 산 저 사람 것이랍니다."

넝마를 판 사람은 차분하고 침착하게 말했지요. 두 사람 모두 재물에 욕심이 없는, 정직한 사람이었습니다. 랍비는 부드러운 미소를 지으며 말했지요.

"마침 당신한테는 딸이 있고 또 당신에게는 아들이 있으니, 그들을 결혼시키고 그 돈을 두 사람에게 주도록 하세요. 그것이 옳은 일이라고 생각합니다."

랍비는 이렇게 말하고는 알렉산더 대왕에게 물었습니다.

"알렉산더 대왕님, 대왕님은 이런 경우 어떤 판단을 내리시겠습니까?"

그러자 알렉산더 대왕은 이렇게 말했습니다.

"두 사람 모두 죽이고 돈은 내가 가지겠소. 나에게 있어서는 그렇게 하는 것이 옳은 일이오."

랍비는 알렉산더 대왕의 말을 듣고 엷은 미소를 지었습니다.

이 이야기에서 랍비와 알렉산더 대왕의 생각의 차이가 얼마나 큰지 잘 알 수 있습니다. 랍비는 매우 긍정적이고 사랑이 많고 이해심이 뛰어나다는 것을 알 수 있지만, 알렉산더 대왕은 매우 자기중심적이고 사악하다는 것을 알 수 있지요.

알렉산더 대왕은 세계 4대 영웅 중 한 사람으로 평가받지만, 젊은 나이에 세상을 떠났지요. 그가 일찍 세상을 떠난 것은 생각이 과격하고 부정적이고 독단적이기 때문입니다. 이런 생각은 상대방을 적으로 만들고 불편하게 함으로써 자신의 건강을 해치고, 부정적으로 만들지요.

그러나 랍비와 같은 생각은 긍정적이고 친절하고 배려심이 많은 좋은 사람으로 인식시킵니다. 그래서 사람들로부터 존경을 받고 높임을 받는 것입니다.

그렇습니다. 그가 하는 생각은 곧 그 사람이기 때문에 우리 10대들이 인생을 풍요롭게 잘 살기 위해서는 매사를 긍정적으로 생각하고 온유한 마음으로 살아야 합니다. 그래야 좋은 생각을 하고 의로운 생각을 함으로써 자신을 긍정적이고 온유한 사람이 되게 하니까요. 이처럼 생각하는 대로 살기위해 노력할 때 자신이 원하는 인생을 살게 되지요. 이에 대해 프랑스 소설가이자 비평가인 폴 부르제는 이렇게 말했습니다.

"생각하는 대로 살지 않으면 사는 대로 생각하게 된다."

폴 부르제의 말처럼 생각하는 대로 사는 우리 10대가 되었으면 합니다. 그것이야말로 자신이 원하는 인생을 살게 되는 참 좋은 비결이랍니다.

생각비타민

사람들은 같은 문제를 놓고
서로 다른 생각을 보이지요.
이것을 '생각의 차이'라고 합니다.
랍비는 두 사람에게 공평한 기회를 주었지만,
알렉산더 대왕은
두 사람을 죽이고 자신이 갖겠다고 했지요.
두 사람에게 공평한 기회를 준 랍비는
참 현명한 사람입니다.

03

사람의 본분을
다하는 사람이 되기

사람은 사람으로 해야 할 본분이 있습니다. 그것은 법을 지키고, 예의를 지키고 자신에게 주어진 책임과 의무를 다하는 것입니다. 그것은 국민의 한 사람으로서 사회의 일원으로서 마땅히 해야 하는 일이지요. 그래야 사람다운 사람으로 살아갈 수 있기 때문입니다.

그런데 사람들 중엔 사람으로서의 본분을 다하지 않는 이들이 있습니다. 법을 어기고, 예의를 지키지 않고 무례하게 굴며 자신의 책임과 의무를 망각한 채 제멋대로 하는 사람들이지요. 이런 사람은 사회를 혼란스럽게 하고, 질서를 어지럽히며 주변 사람들에게 피해주는 일을 아무렇지도 않게 생각합니다. 이는 인간의 도리를 저버리는 패악하고 비도덕적인 일이지요. 따라서 이런 사람들은 그에 대한 대가를 반드시 치러야 합니다.

사람의 본분은 더불어 살아가는 세상에서 매우 중요한 규범과도 같습니다. 그래서 누구나 사람으로서의 본분을 지켜합니다.

"당신에게 있어서 가장 인간적인 일은 누구에게도 창피하지 않은 일이다."

이는 독일의 철학자인 프리드리히 니체가 한 말로 인간적인 사람이야말로 사람의 본분을 다하는 사람이기 때문에 창피하지 않다는 말이지요. 그러니까 사람으로서의 도리를 다 하는 것, 이것이 바로 사람의 본분인 것입니다. 이를 잘 알게 하는 이야기입니다.

항해 중이던 배가 갑자기 몰아닥친 폭풍으로 뱃길에서 벗어나 표류하였습니다.

"크, 큰일 났다! 배가 다른 데로 가고 있다!"

"이러다 우리 다 죽는 것 아냐?"

"나는 아직 죽으면 안 되는데. 하나님, 제발 폭풍이 멈추게 도와주세요."

배에 타고 있던 사람들은 큰 소리로 울며, 밤새도록 덜덜덜 떨었습니다.

다음 날 아침이 되자 다행히도 바다는 잔잔해졌습니다. 표류하던 배가 아름다운 섬 근처에 있음을 알게 된 사람들은, 그곳에 닻을 내리기로 했지요.

"우리 여기서 잠시 머물다 갑시다."

"그럽시다. 우리 여기서 내립시다."

사람들은 모두 배에서 내렸습니다.

그 섬은 아름다운 꽃들이 가득했고, 맛있는 과일이 주렁주렁 열린 나무들이 시원한 그늘을 드리우고 있었습니다. 또 갖가지 새들이 부르는 노래 소리로 섬은 축제장 같았지요. 사람들은 자연스럽게 다섯 개의 모둠으로 나뉘었습니다.

첫 번째 모둠은 섬이 아무리 아름답다 해도, 목적지에 빨리 도착해야 한다는 생각에 배에 그대로 남아 있었습니다. 두 번째 모둠은 재빨리 섬에 올랐습니다. 그리고는 나무 그늘 아래에서 맛있는 과일을 따먹고는 곧 바로 배로 돌아왔습니다.

"야, 멋진 섬이다! 우린 좀 더 멀리 가서 신나게 놀다 오자!"

세 번째 모둠 사람들은 섬 안으로 들어가서 즐겁고 신나는 시간을 보냈습니다. 그러다 바람이 불어오자 배가 떠날까 봐 헐레

벌떡 달려왔지요. 그들은 급히 서두르는 바람에 소지품을 잃어
버리고 배안에 좋은 자리를 잃고 말았습니다. 네 번째 모둠 사
람들은 바람이 불어오고 선원들이 닻을 올리는 광경을 보면서
도, 자신들을 남겨두고 떠나지 않을 거라며 계속 섬에 머물렀습
니다.

그러나 잠시 후 배가 떠나려고 하자, 허겁지겁 헤엄쳐 와서 뱃
전을 잡고 간신히 배에 올랐습니다. 하지만 그들은 너무 서두르
는 바람에 바위나 뱃전에 긁히고 부딪혀 부상을 당하고 말았습
니다.

배가 터지도록 먹고 놀던 다섯 번째 모둠 사람들은, 아름다운
풍경에 넋이 빠져 뱃고동 소리를 듣지 못했습니다. 그들은 섬에
남아있다, 숲 속 맹수에게 잡혀 먹히거나 독 있는 열매를 먹고 탈
이나 결국 모두 죽고 말았습니다.

이 이야기는 사람의 본분에 대해 말해 줍니다.

첫 번째 모둠 사람들은 살아가면서, 쾌락에 조금도 빠지지 않
은 사람을 말합니다. 두 번째 모둠 사람들은 잠시 동안 쾌락에
빠졌지만, 자신들의 목적을 잊지 않은 사람들을 말하지요. 세 번
째 모둠 사람들은 지나치게 쾌락에 빠지지는 않고, 되돌아 왔지

만 고생을 한 사람들을 말하지요. 네 번째 모둠사람들은 돌아오기는 했지만, 상처를 입고 심한 고생을 한 사람들이지요. 다섯 번째 모둠 사람들은 미래를 잊고 허영에 빠져, 평생을 시간 낭비하며 산 사람들이지요.

여기서 가장 사람다운 사람은 첫 번째 모둠 사람이지요. 이런 사람들은 자신의 본분을 잘 지켜 행하는 사람들입니다. 그래서 남에게 덕을 베풀고 자신에게 부끄럽지 않은 사람으로 살아갑니다. 그런 까닭에 자신에겐 엄격하고 다른 사람에게는 관대하지요.

"자신에게 엄격하고 남에게는 관대하라."

이는 공자가 한 말로 자신에게 엄격하고 다른 사람에게 관대하면 사람의 본분을 다하는데 막힘이 없고 사람들로부터 좋은 평판을 듣는데 부족함이 없습니다.

우리 10대들은 각자가 자신의 본분을 다함으로써 주변 사람들에게 덕이 되고 부끄러움이 없는 사람이 되고 좋은 평판을 들었으면 합니다. 그것이야말로 가장 사람다운 사람이 되는 길이기 때문입니다.

생각비타민

사람은 사람으로서의
본분을 다하는 일에 열중해야합니다.
그래야 스스로에게 떳떳하고
부끄러움이 없으며 다른 사람들에게 덕이 되고
좋은 평판을 받게 됩니다.
사람으로 지킬 것은 지키고 도리를 다하는 것,
이것이 사람의 본분을
다 하는 사람의 자세인 것입니다.

04

지나친 탐욕을 버리고 서로에게 덕이 되기

사람이 살아가면서 경계해야 할 것은 게으름과 나태함, 무책임함, 무질서함, 부도덕함, 불성실함, 탐욕 등이 있습니다. 이런 것들은 사람을 나쁜 길로 가게하고 비도덕인 사람으로 만드는 요인입니다. 특히, 탐욕은 무서운 독과 같아서 지나치면 사람을 타락시키고 추악한 사람이 되게 하지요. 그래서 탐욕을 품고 산다는 것은 무서운 독을 몸속에 지니고 있는 것과 같답니다.

"과도한 욕망보다 큰 참사는 없다. 불만족보다 큰 죄는 없다. 탐욕보다 큰 재앙은 없다."

이는 노자가 한 말로 과도한 욕망을 갖는다는 것은 참사 즉, 비참하고 끔찍한 일과 같고, 불만족스러워한다는 것은 나쁜 일을 벌인 것처럼 죄와 같고, 탐욕을 부린다는 것은 불행한 변고처럼 재앙과 같다는 뜻입니다.

한 마디로 말해 탐욕은 모든 불행을 낳는 씨앗이지요. 그러기 때문에 탐욕을 멀리해야 하는 것입니다. 다음은 탐욕에 대한 이야기입니다.

두 친구가 있었습니다. 그들은 동업자가 되어 함께 일했지요. 두 사람은 경험은 없었으나, 열심히 일한 끝에 빌딩을 샀습니다. 그러자 그들은 욕심이 생겼지요.

"여보게, 우리의 재산에 대해 말썽이 생기지 않도록 글로 작성해 두는 게 어떻겠나?"

"그래, 그게 좋겠네."

둘은 계약서를 작성하기 위해 의견을 나누었지요.

그런데 문제가 생겼습니다. 서로가 자신에게 유리하게 하기 위해 잔꾀를 부렸던 것입니다. 그러다보니 나쁜 감정만 쌓였습니다.

둘은 궁리 끝에 랍비를 찾아가 자신들의 고민을 해결해 달라고 부탁했습니다. 그러나 랍비도 답을 내리지 못했지요.

두 친구는 랍비 앞에서 서로 자기의 주장을 펼치며 말싸움을 벌였습니다. 그 모습을 물끄러미 바라보고 있던 랍비가 말했습니다.

"두 사람이 싸움을 하기 전까지는 모든 것이 잘 되어왔습니다. 그러나 그렇게 싸움만 하다가는 회사가 무너질 수 있습니다. 참으로 안타까운 일이군요."

랍비는 이렇게 말 하고는《탈무드》를 들려주며 물었습니다.

"태어나는 아이의 생명은 아버지와 어머니, 그리고 하나님에 의해서 입니다. 하지만 '아이가 커감에 따라 그 아이에게는 또 한 사람 의미가 되어주는 사람이 있게 되는데 그건 교사입니다' 라는 말이 있는데 당신네 회사의 실질적인 사장은 누구입니까?"

그러자 그들은 서로 자기라며 주장했습니다.

"그러면 하나님을 회사 경영진에 끼워 드리지요. 하나님은 전 우주에 참여하고 계시니까요. 서로 자기주장만 하지 말고 모든 우주의 주인인 하나님을 동료로 삼는 게 어떻겠습니까?"

랍비의 말을 듣고 그들은 고개를 갸우뚱거렸습니다. 그러자 랍비는 다시 말했습니다.

"내 말은 당신네 회사이기도 하지만 동시에 하나님 회사이기도 하다는 겁니다. 또한 당신들은 유대인들을 위해서 일하고 있는 것이니, 자기 회사라는 생각만 너무 내 세우지 말고 자신들은 하나의 의무를 실천한다고 생각한다면, 어느 쪽이 사장이 되던 그것은 중요한 일이 아니라는 생각이 들 것입니다. 그러니 영업담당은 그대로 영업을 하고, 공장담당은 전처럼 공장 일을 하면 좋지 않을까요?"

랍비의 말을 듣고 그들은 전처럼 자신이 맡은 일에 열중하였습니다. 그러자 회사는 점점 더 크게 발전하여 그들은 더 큰 부자가 되었습니다.

이 이야기에 알 수 있듯 서로 자신에게 유리하기 위해 욕심을 부리자 다정했던 친구 사이의 우정에 금이 가고 둘 사이엔 미운 감정이 들었습니다. 탐욕이 그들 마음에서 고개를 들자 순간 그들은 이성을 잃고 탐욕에 사로잡혔던 것이지요. 그러나 그런 중에도 랍비를 찾아가 도움을 요청했고 현명한 랍비의 말을 받아들임으로써 그들은 다시 전처럼 서로를 믿고 의지하며 각자가 맡은 일에 최선을 다했습니다. 그러자 놀라운 일이 벌어졌지요. 회사는 더 크게 발전하였고 둘은 더 큰 부자가 되었던 것입니다.

탐욕으로 가득 차 욕심을 부릴 땐 마음이 탁해지고 감정적으로 생각했지만, 탐욕을 버리자 마음이 맑아지고 이성적으로 생각하게 되었지요.

그렇습니다. 탐욕은 마음을 어둡게 하고 이성을 잃게 만듭니다.

우리 10대들이 자신의 인생을 아름답고 행복하게 살기를 바란다면 탐욕을 품지 마세요. 정직하고, 타인을 배려하고, 모든 걸 이성적으로 생각하세요. 그러면 자신에게도 남에게도 덕을 쌓음으로써 스스로에게 만족해 하며 행복한 삶을 살아가게 될 겁니다.

생각비타민

착한 마음을 가진 사람도
재물 앞엔 마음이 흔들리지요.
돈은 사람들의
마음의 눈을 어둡게 만들기 때문입니다.
그러나 이 글에 나오는 두 친구는,
랍비의 가르침에 따라
욕심을 버리니 더 큰 부자가 되었습니다.
욕심은 자신도 다른 사람도 불행하게 만들지요.
지나친 욕심을 부리지 말아야 하겠습니다.

05

베풀며 사는
즐거움

"이 세상의 참다운 행복은 남에게서 받는 것이 아니라 내가 남에게 주는 것이다. 그것이 물질적인 것이든 정신적인 것이든 인간에게 있어서 가장 아름다운 행동이기 때문이다."

프랑스 작가 아나톨 프랑스가 한 말로 행복의 진정한 의미를 잘 알게 합니다. 물질적인 것이든 정신적인 것이든 누군가에게 베풀고 사는 것처럼 즐겁고 행복한 일은 없습니다. 베푼다는 것은 상대방에게 즐거움을 주고 행복을 주지만 자신에게 즐거움과 행복을 주는 아름다운 일이기 때문이지요.

아프리카 성자로 추앙받는 슈바이처는 평생을 아프리카 오지에서 의술을 베풀며 살았습니다. 그는 얼마든지 좋은 환경에서 많은 돈을 벌며 살 수도 있었지만, 선행을 베푸는 것이야말로 자신이 해야 할 일이라는 것을 알았던 것이지요. 인도에서 평생을 헌신하며 사랑을 베풀며 살았던 마더 테레사 수녀또한 선행이야말로 자신이 해야 하는 일이라고 믿었던 것이지요.

강철왕이라 불리며 평생 번 돈을 사회에 환원하여 공익발전에 이바지한 앤드류 카네기와 석유왕으로 불리며 자신의 재산을 공익을 위해 아낌없이 바쳤던 존 데이비슨 록펠러는 베풂의 가치가 무엇인지 실천으로 보여줌으로써 지금까지도 존경받고 있습니다.

슈바이처, 마더 테레사, 카네기, 록펠러는 베풂의 의미를 잘 알게 한 선행의상징과도 같은 인물이지요.

다음은 베풂의 가치와 진정한 나눔의 의미를 잘 알게 하는 이야기입니다.

큰 농장을 가지고 있는 농부가 있었습니다. 그는 큰 부자답지 않게 겸손했고, 예루살렘 부근에선 가장 자선심이 후한 사람이었습니다. 그래서 매년 랍비들은 그의 집을 방문했고 그럴 때마다 그는 아낌없이 후원금을 내놓았습니다.

"이거 얼마 되지 않습니다만, 필요한 데에 조그만 도움이라도 되었으면 좋겠습니다."

"얼마 안 되다니요? 이 돈이면 우리가 하는 일에 많은 도움이 된답니다. 참으로 인자하신 분이시군요. 정말 감사합니다."

농부의 선행에 랍비는 진정으로 고마워하였습니다.

그러던 어느 해, 폭풍우가 몰아쳐 과수원이 모두 망가져버리고 가축들에게 전염병이 돌아 그가 기르던 양과 소, 말까지 모조리 전멸하고 말았습니다.

"오, 이럴 수가. 어떻게 이런 일이 있을 수 있단 말인가?"

농부는 가슴을 쓸어내리며 중얼거렸습니다. 이 소식을 들은 빚쟁이들이 농부 집으로 몰려들어 그의 재산을 모두 빼앗아버렸습니다. 농부에게 남은 재산은 손바닥만 한 토지가 전부였습니다. 그러나 농부는 자신의 재산은 하나님이 주시고 또 가져갔다고 생각하며 아무렇지도 않게 생각했습니다.

"역시 그 농부는 보통사람들하고는 차원이 달라. 참으로 마음이 넓은 사람이야."

주변 사람들은 농부에 대해 아낌없는 위로를 보내 주었습니다. 이런 사실을 모르는 랍비들은 어느 해처럼 그를 찾아왔습니다.

그리고는 달라진 그의 처지를 보고 깜짝 놀라 위로의 말을 쏟아 놓았습니다.

"어떻게 위로의 말씀을 드려야 할 지……. 그러나 용기를 잃지 마십시오. 그동안 쌓인 선행의 값을 하나님께서 외면하지 않으실 겁니다."

"위로해 주서서 감사합니다. 나는 항상 랍비들이 학교를 세우거나 성전을 유지할 수 있도록 하고, 가난한 사람, 늙은 사람을 도울 수 있도록 헌금 했었는데, 올 해는 아무것도 줄 수가 없으니 참으로 안타깝군요."

"아닙니다. 그런 말씀 하지 않으셔도 그 마음 다 압니다."

랍비는 농부의 진심어린 말에 따스한 위로를 해 주었습니다.

"죄송하게 됐습니다. 그러나 그냥 빈손으로 보내지는 않겠습니다. 마지막으로 남아 있는 땅의 절반을 팔아 헌금하고, 그 대신 남은 절반의 땅을 열심히 경작하여 재산을 불려 나가도록 할 겁니다."

"네에! 이런 상황에서도 마지막 남은 땅의 절반을 후원하시겠다니……. 오, 그 손길 위에 하나님의 은총이 함께 하시길 기도하겠습니다."

랍비는 뜻밖의 농부의 말에 큰 감동을 하였습니다.

농부는 나머지 땅에 온 정성을 다 기울여 농사를 지었습니다.

그러던 어느 날 밭을 갈던 소가 갑자기 쓰러지고 말았습니다. 흙투성이가 된 소를 일으키려 애쓰는데 소의 발밑에 뭔가가 보였습니다. 엄청난 양의 보물이었습니다. 그 보물을 통해 농부는 다시 예전과 같은 농장을 운영하게 되었습니다.

이듬해 랍비들은 아직도 그 농부가 가난한 생활을 계속하고 있으리라 생각하고, 지난 해 작은 땅을 경작하던 곳으로 찾아갔습니다. 그러나 그 곳엔 농부가 없었습니다.

"그 사람은 예전 자신의 농장으로 갔습니다. 그 곳에 가 보세요."

랍비는 이웃 사람들의 말을 듣고 그 곳으로 찾아갔습니다. 놀랍게도 농부는 예전의 큰 농장에서 살고 있었습니다. 농부는 아무 영문도 모르는 랍비에게 그 이유를 설명해 주었습니다. 랍비는 그의 이야기를 듣고는 감동한 얼굴이 되어 말했습니다.

"오, 놀랍고 감사한 일입니다. 그토록 아름다운 선행을 베풀더니……. 진심으로 축하드립니다."

"아낌없이 자선을 베풀면 그 대가가 반드시 되돌아온다는 것을 알았습니다. 전처럼 후원을 할 수 있게 돼 그것이 너무 기쁠 뿐입니다."

농부가 환히 웃으며 하는 말을 듣고 랍비들도 따라서 웃었습니다.

착한 일을 한다는 것은 생각보다 쉬운 일이 아닙니다. 마음엔 있어도 막상 실천을 하려고 하면 잘 되지 않습니다. 착한 일을 한다는 것이 그 만큼 힘들다는 이야기이지요.

이 이야기 속에 농부는 언제나 변함이 없습니다. 그는 자신의 형편이 어렵게 되었어도 가진 것 중의 절반을 내어놓은 사람이었습니다.

그는 어려운 형편에도 좌절하지 않고 열심히 노력하던 중 많은 보물을 발견하게 되어 예전처럼 큰 부자가 되었습니다.

이처럼 남을 위해 봉사하고, 사랑을 베푸는 일은 세상에서 가장 아름다운 일입니다. 우리 10대들도 베풂의 참된 가치와 선행의 즐거움을 실천하며 스스로를 행복하게 하고 다른 사람들에게도 행복을 주는 아름다운 삶을 살기 바랍니다.

생각비타민

선행을 베풀면
마음이 즐겁고 행복하지요.
선행은 다른 사람에게 하는 것이지만
자신에게 주는 기쁨과 행복은
그 어떤 것보다도 크답니다.
선행은 덕을 쌓는 일이며
스스로를 축복하는 일이랍니다.

06

아버지가 아들에게
가르쳐준 참 지혜

지혜는 경험에서 길러지는 슬기로운 생각입니다. 지혜가 뛰어나다는 것은 그만큼 슬기롭게 삶을 살아가는 데 있어 큰 도움이 되지요. 그러면 지혜와 지식은 어떻게 다를까요.

모든 지혜는 경험에서 오고, 모든 지식은 경험을 통해 싹트고 길러지지요. 그런 이유로 지혜는 지식의 어머니와 같습니다. 지혜가 밝을수록 지식은 그만큼 깊이를 더하고 지혜와 지식이 더불어 병존할 때 최고의 지성인으로 거듭난답니다.

"한 가지 일을 경험하지 않으면 한 가지 지혜가 자라지 않는다."

《명심보감》에 나오는 말로 지혜는 경험에서 온다는 것을 잘 알게 합니다.

"지혜로운 사람은 본 것을 이야기하지만, 어리석은 사람은 들은 것을 이야기한다."

이는 《탈무드》에 나오는 말로 이 또한 지혜는 스스로 경험함으로써 터득하고 길러진다는 것을 알 수 있습니다.

다음은 지혜의 소중함의 가치를 잘 알게 하는 이야기입니다.

한 지방 도시에서 살고 있는 지혜로운 유대인이 있었습니다. 이 유대인에겐 아들이 있었는데 예루살렘에서 공부를 시키기 위해 유학을 보냈습니다.

"아들아, 너는 넓고 큰 도시에서 많은 것을 보고 배워야 한다. 그래야 생각도 다양하게 할 수 있고, 폭넓게 사람들과 친분을 쌓을 수 있단다."

아들을 예루살렘에 보낼 때 유대인이 아들에게 한 말입니다. 아들은 아버지의 말에 고개를 끄덕이며 열심히 공부하겠다고 다짐하였습니다. 아들이 학교에서 공부를 하고 있는 사이 아버지가 그만 중병을 앓게 되었습니다. 아버지는 곧 자기가 죽게 될 거라는 예감 때문에 유서를 작성하였습니다. 유서 내용은 다음과 같았습니다.

내가 죽으면 나의 전 재산을
노예에게 물려주되,
그 가운데서 아들이 갖고자 하는 것
단 한 가지만 아들에게 물려주시오.

유서를 남긴 유대인은 곧 죽고 말았습니다. 그러자 재산 전부
를 가지게 된 노예는 뛸 듯이 좋아하였습니다.
"야호! 나는 이제 부자다! 고생 끝에 낙이 온다고 하더니만 내
게 이런 날이 다 오다니."
노예는 그 길로 예루살렘으로 달려가 유서를 아들에게 보여주
었습니다. 아들은 몹시 놀라 큰 슬픔에 잠겨 중얼거렸습니다.
"아, 아버지. 아버지께서 돌아가시다니……."
아들은 슬픔을 눌러 참으며 고향으로 달려가 아버지의 장례를
치렀습니다. 아들은 장례를 마치고 나자 유서 내용에 대해 곰곰
이 생각하다가 랍비를 찾아가 유서 내용에 대해 자세히 말했습
니다.
"아버지께선 무엇 때문에 제게 재산을 물려주지 않았을까요?

아버지에게 불효를 저지른 일도 전혀 없는데요."

"그건 잘못된 생각이야. 너의 아버지는 너를 가슴속 깊이 사랑한 매우 지혜로운 분이셨다. 이유서를 읽어 보면 그 사실을 분명하게 알 수 있지 않느냐?"

"무슨 말씀이신지……."

"너는 아버지의 깊은 뜻을 알아야 한다. 네가 아버지와 같이 지혜로운 생각을 할 수 있다면 아버지가 진정 바라는 뜻을 깨닫게 될 것이다. 그것이 무엇인가하면 너에게 모든 재산을 이미 물려주었다는 사실이다."

"그게 무슨 말씀이신지 자세히 좀 알려 주십시오."

아들은 고개를 갸우뚱거리며 그 뜻이 무엇인지 알려달라고 간청하였습니다.

"그러지. 아버지는 네가 없을 때 자신이 죽으면 노예가 재산을 가지고 달아나거나, 탕진해 버리거나, 네게 자신이 죽었다는 사실조차 숨겨버릴지도 모른다는 생각에서 전 재산을 노예에게 준 것이다. 그 재산을 물려받은 노예는 좋아서 재빨리 너를 찾아갈 것이고, 재산 역시 소중하게 간직할 것으로 여긴 것이지."

"그것이 제게 어떤 이득이 된다는 말입니까?"

"너는 역시 지혜롭지가 못하구나. 노예의 재산은 전부 주인에게 속해 있다는 걸 모르느냐? 너의 아버지께서는 한 가지만은 너에게 준다고 유서에 밝히지 않았느냐. 너는 전 재산을 물려받은 그 노예 한 사람만 택하면 되는 것이다. 어떠냐? 이 유서 내용이야말로 아버지의 사랑이 담긴 지혜로운 생각이 아니겠는가!"

"그, 그렇게 깊은 뜻이 담겨 있다니! 아, 아버지! 죄송합니다. 아버지의 깊은 뜻도 모르고 잠시 동안이라도 불평을 했습니다. 용서해 주십시오. 그리고 아버지의 바다와 같이 넓고 깊은 사랑 잊지 않겠습니다."

아들은 지혜롭지 못했던 자신을 책망하며 아버지의 깊은 사랑 앞에 눈물을 흘리며 감사를 드렸습니다.

어리석은 사람은 낫 놓고 기역자도 모릅니다. 그러나 지혜로운 사람은 그 뜻을 금방 알아차립니다.

이 이야기 속의 아버지는 참으로 지혜롭고 현명한 사람이었고, 그 뜻을 풀이해 준 랍비 역시 지혜로운 사람이었습니다.

총칼로 무장 된 수십만의 군사도 지혜로운 단 한사람에게 졌다는 것을 역사는 말해주고 있습니다.

지혜는 무기보다도 강하고, 막강한 권력보다도 강합니다.

우리 10대들은 지혜를 길러야합니다. 그러기 위해선 많은 경험

을 해야 합니다. 경험에서 깨닫게 되는 깨우침을 마음에 새기기
바랍니다. 그리고 책도 많이 읽어야 하고, 옛 사람의 슬기로움을
배우고 익혀야 합니다. 이것이야말로 지혜를 기르는 가장 현명
한 방법이기 때문입니다.

생각비타민

지혜를 가진 자는
어디를 가던 외롭지 않습니다.
사람은 누구나 지혜로운 사람을 좋아하고
그로부터 지혜를 배우기 원합니다.
지혜는 삶의 거울입니다.
그래서 지혜가 뛰어난 사람은
모든 사람들로부터 존경을 받는 것입니다.

07

왕비를 깨우치게 한
슬기로운 랍비

너그럽고 온유한 마음과 권력과 힘 중 어느 것이 더 힘이 셀까요? 라고 묻는 다면 우리 10대들은 뭐라고 대답할지 궁금하군요. 온유한 마음과 너그러운 마음이 더 힘이 세다고 말하는 10대들도 있을 거고, 권력과 힘이라고 말하는 10대들도 있을 겁니다. 이렇게 생각하는 것은 생각의 차이에서 오는 결과이지요.

그렇다면 앞에서 말한 둘 중 과연 어느 것이 더 힘이 셀까요. 결론은 온유한 마음과 너그러움이 더 힘이 세답니다. 온유하고 너그러운 마음은 사람들을 감동하게 하고 마음을 얻을 수 있기 때문이지요.

그러나 권력과 힘은 사람들을 억압하여 사람들의 마음을 사지 못합니다. 권력이나 힘이 무서워 그 순간을 모면하기 위해 따를 뿐 진심은 아니니까요.

다음은 온유하고 너그러운 마음이 왜 더 힘이 센 지를 잘 알게 하는 이야기입니다.

로마를 여행 중이던 어떤 랍비가 게시판에 붙여진 다음과 같은 글을 보게 되었습니다.

왕비님께서 매우 비싼 장식품을
잃어 버리셨습니다.
30일 이내에 그것을 찾아가지고 오는
사람에게는 후한 상금을 줄 것입니다.
그러나 30일이 지난 후 그것을 가지고 있는 자가
발견된다면 사형에 처해질 것입니다.

"장식품을 찾으면 후한 상금을 준데. 오늘부턴 장식품을 찾으러 다녀야겠어."

"그래. 나도 그래야겠어. 장식품을 찾게 된다면 후한 상금으로 부자로 살 수 있잖아."

사람들은 저마다 한 마디씩하고는 장식품 찾기에 나섰습니다. 그러나 장식품은 그 어디에서도 나타나지 않았습니다. 그런데 우연히 랍비의 눈에 장식품이 들어왔습니다. 랍비는 그 장식품이 바로 왕비가 잃어버린 것이라는 것을 알게 되었습니다.

"바로 이 장식품이로구나."

랍비는 이리저리 살피며 말했습니다.

포고문에는 30일이 지나서 장식품을 가지고 오는 사람에겐 사형에 처한다고 했는데 랍비는 그것을 알고도 31일째 되는 날 그 장식품을 갖고 궁전으로 들어가 왕비 앞에 내놓았습니다. 그러자 왕비는 그에게 말했습니다.

"장식품을 찾아 주어 고마워요. 그런데 당신은 30일 전 포고문이 나 붙을 때 이곳에 있었나요?"

"네."

"그러면 30일이 지난 후에 가지고 오면 어떤 일을 당해야 하는지도 알겠군요."

"네. 알고 있습니다."

"그래요? 만일 당신이 장식품을 어제 돌려주었더라면 후한 상금을 받았을 텐데, 어째서 당신은 30일이 지날 때까지 이것을 갖고 있었지요? 당신은 생명이 소중하지 않나요?"

"만일 누군가가 30일 안에 장식품을 돌려주었다면 사람들은 왕비님이 두려웠거나 왕비님에게 경의를 표하기 위해 돌려준 것이라고 할 것입니다. 내가 30일이 지난 오늘에야 비로소 이 장식품을 돌려주기 위해 찾아온 이유는, 진실로 두려워해야 할 대상은 결코 왕비님이 아니라 하나님이라는 사실을 사람들에게 깨우쳐 주기 위해서 입니다."

그러자 왕비는 감동한 얼굴로 말했습니다.

"오, 그래요. 참으로 감동적인 말이군요. 하나님을 모시고 있는 당신에게 깊은 경의를 표합니다."

왕비는 랍비의 말을 통해 온유하고 너그러운 마음이 무엇인가를 깨달았던 것입니다. 그랬기에 랍비에게 경의를 표할 수 있었지요.

권력과 힘을 가진 사람들은 모든 것을 권력으로 해결하려고 합니다. 힘 있는 사람들은 사랑하는 마음, 온유한 마음보다는 힘이면 다 해결 할 수 있다고 믿기 때문이지요.

랍비는 힘 있는 왕비 앞에서도 두려워하지 않고, 온유하고 지혜롭고 슬기로운 마음으로 그녀의 생각을 깨우쳐 주었던 것입니다.

우리는 이 이야기를 통해 온유하고 지혜롭고 슬기로운 마음이야말로 진정으로 힘이 세다는 것을 알 수 있습니다.

"남을 너그럽게 받아들이는 사람은 항상 사람들의 마음을 얻게 되지만, 위엄과 무력으로 엄하게 다스리는 자는 항상 사람들의 노여움을 사게 된다."

이는 세종대왕의 말로 온유하고 넓은 마음이 위엄과 무력보다 더 힘이 세다는 걸 알 수 있습니다.

그렇습니다. 우리 10대들도 온유한 마음을 기르고, 지혜를 기르고, 슬기로운 마음을 기르도록 노력했으면 해요. 사람들은 그런 사람에게 친근감을 느끼고 좋은 사이가 되길 바라니까요.

생각비타민

권력을 가진 사람이나
힘을 가진 사람은 권력과
힘으로 사람들을 억압하려고 합니다.
사람들은 두려운 마음에
그들의 말을 따를 뿐 진심은 그게 아닙니다.
사람들은 누구나 온유하고 너그러운 사람에게
친근감을 느끼고 그의 뜻을 따르려고 하지요.
온유하고 너그러운 사람은 자비심으로
가득 차 있음을 알기 때문입니다.
온유하고 너그러운 마음은 사랑입니다.

08

모르는 것은 몇 번이고
물어서라도 배우기

'불치하문(不恥下問)'이라는 말이 있습니다. 이는 자신보다 못한 사람에게 묻는 것을 부끄러워하지 않는다는 말입니다. 그러니까 자신보다 지위가 낮고 배움이 짧고 나이가 어린 사람일지라도 모르는 것이 있으면 물어보라는 말이지요.

옳은 말입니다. 배움의 진정한 의미는 묻는 것에서 시작하는 것입니다. 그런데 사람들 중엔 부끄럽게 생각해 묻지 않는 경우가 많습니다. 부끄럽다고 묻지 않는다는 것은 오만과도 같지요. 이에 대해 《탈무드》에는 다음과 같은 말이 있습니다.

"모르는 것을 묻지 않는 것은 쓸 데 없는 오만 밖에 아무 것도 아니다."

이는 모르는 것이 있다면 물어보아서라도 배우라는 말입니다. 지식은 배워서라도 반드시 익혀야 합니다. 그렇게 될 때 그것은 온전히 자신의 지식이 되기 때문이지요.

다음은 모르는 것을 물어봄으로써 슬기롭게 일을 해결한 매우 흥미로운 이야기입니다.

로마 황제는 자기와 생일이 같은 이스라엘에서 가장 지혜로운 랍비와 친구처럼 지냈습니다. 로마와 이스라엘이 사이가 좋지 않을 때에도 그들 두 사람은 변치 않는 우정을 간직하고 있었습니다. 하지만 두 나라 관계를 생각해 볼 때 황제가 랍비와 친하게 지낸다는 것은 어려운 점이 참 많았습니다. 그래서 황제는 랍비와 무엇인가를 의논하고 싶을 때마다 사신을 보내 비밀스러운 방법으로 넌지시 의견을 물어 보았습니다.

"여봐라! 게 아무도 없느냐?"

황제의 부름을 받고 신하가 달려왔습니다.

"황제 폐하. 여기 대령했습니다."

"이 편지를 갖고 랍비에게 다녀오너라."

"네, 황제 폐하."

황제의 명을 받은 사신은 이스라엘로 갔습니다. 사신은 랍비를 만나 황제의 편지를 건네주었습니다.

내겐 이루고 싶은 일이 두 가지가 있소.

한 가지는 내가 죽은 다음

내 아들이 뒤를 이어 황제에 오르는 것이고,

또 하나는 이스라엘의 비레이라스라는 곳을

자유 관세 도시로 만들고 싶은 것이오.

난 지금 그 두 가지 중 한 가지 밖에

이룰 수 없는 형편에 놓여 있는데,

어떻게 하면 두 가지 모두를 이룰 수 있겠소?

이에 대한 선생의 의견을 주셨으면 하오.

편지를 읽고 난 랍비 역시 황제의 질문에 답을 보낼 줄 수가 없었습니다. 두 나라 사이가 좋지 않기 때문에 로마 황제의 질문에 랍비가 답을 해 준 사실이 밝혀지면 국민들에게 나쁜 영향을 끼칠 수 있기 때문이었습니다. 사신이 돌아오자 황제는 반가이 맞으며 말했습니다.

"내 편지를 읽고 랍비가 뭐라고 하더냐?"

"랍비는 한 마디 말도 없이 아들을 목마에 태우고 비둘기를 아들에게 주자 아들이 그 비둘기를 하늘로 날려 보냈습니다."

사신은 있는 사실대로 말했습니다.

"오, 그래? 과연 최고의 랍비다운 답변이로구나."

황제는 랍비의 의도를 알아차리고는 엷은 웃음을 지었습니다. 그 내용은 우선 왕위를 아들에게 물려준 다음, 아들로 하여금 관세를 자유화하도록 하면 된다는 뜻이었던 것입니다. 그리고 얼마 뒤 황제는 또 다시 자신의 편지를 사신을 통해 랍비에게 보냈습니다. 랍비는 단숨에 편지를 읽었습니다.

우리나라 관리들이

나를 무척이나 힘들게 하고 있소.

어떻게 해야 할지

그 방법을 알려주면 고맙겠소.

랍비는 황제의 편지에 대해 또 다시 먼저와 같은 무언극으로 정원에 딸린 채소밭에 나가 채소 한포기를 뽑아 갖고 왔습니다. 몇 분이 지난 뒤 다시 밭에 나가더니 아까처럼 채소 한 포기를 뽑아 가지고 왔습니다. 그리고는 조금 뒤에 같은 일을 반복했습니다. 그것으로 끝이었습니다.

로마 황제는 사신의 말을 듣고 랍비의 행동은 일시에 적을 물리치지 말고, 몇 차례로 나누어 하나하나씩 적을 없애라는 뜻으로 받아들였습니다. 황제는 랍비의 도움으로 자신이 계획한 일을 하나씩 실천해 옮겨, 자신의 뜻을 이루어냈습니다.

사람은 말이나 글에 의하지 않고서도 얼마든지 자신의 생각을 전할 수 있습니다. 이는 사람에겐 느낌만으로도 상황을 알아차릴 수 있는 능력이 있기 때문이지요. 이를 어려운 말로 '자각능력'이라고 합니다.

이 이야기 속에서 로마 황제가 자신이 모르는 것을 친구인 랍비에게 물어보는 것은 참으로 슬기로운 일이 아닐 수 없습니다. 더구나 지체가 높은 황제로서 그렇게 한다는 것은 체면 때문에 쉬운 일이 아니니까요. 그랬기에 황제는 질문을 통해 지혜를 구함으로써 어려운 문제를 명쾌하게 해결할 수 있었습니다.

우리 10대들도 궁금하거나 모르는 것이 있으면 부모님이나 선생님 또는 인생의 선배나 친구에게 물어서라도 배우도록하세요. 모르는 것을 묻는 것은 참된 배움의 자세랍니다.

생각비타민

모르는 것을
알고 나면 기분이 참 좋습니다.
아는 기쁨이 그만큼 크기 때문이지요.
그렇습니다.
모르는 것이 있으면
부모님이든 선생님이든 인생의 선배든 친구든
그가 누구든 언제든지 물어보기 바랍니다.
그것이야 말로
지혜를 구하는 최선의 방법이니까요.

09

일의 상황에 따라
소중한 것부터 먼저 하기

사람이 살아가는 데 있어 중요한 일이 있고, 그렇지 않은 일이 있습니다. 이럴 땐 중요한 일부터 해야 합니다. 왜냐하면 중요한 일일수록 이를 지키지 않으면 잘못될 수도 있기 때문입니다. 그러므로 먼저 해야 할 일이 무엇이고, 그 다음은 어떤 일을 해야 하는지를 상황에 맞게 잘 판단해서 하는 지혜가 그 무엇보다 중요하답니다.

그런데 사람들 중엔 이를 무시하고 자기가 하고 싶은 대로 하는 사람들이 있습니다. 그러다보니 일이 잘못돼 나쁜 결과를 낳게 되지요.

10대들 중에도 자기가 하고 싶은 대로 해서 나쁜 결과를 내는 경우가 많습니다. 예를 들면 시험을 앞두고 PC 방에 간다든지, 오락 게임을 한다든지, 친구들하고 축구를 한다든지 하는 등 자신이 어느 것부터 해야 하는지를 망각하는 경우가 있습니다. 이는 자신에게는 매우 부정적으로 작용하지요. 시험을 앞두고는 모든 것을 잠시 접어두고 시험공부에 몰두하는 것이 가장 중요하지요.

일이든 공부를 하는데 있어서든 이는 매우 중요하지요. 이에 대한 이야기입니다.

어느 나라의 왕이 아주 이상한 병에 걸리고 말았습니다.

"암사자의 젖을 구해 마시면 병이 나을 수 있습니다."

왕을 진료한 의사가 심각한 표정으로 말했습니다.

"그래? 암사자의 젖을 먹으면 나을 수 있겠느냐?"

"네. 폐하."

이 소식을 들은 지혜로운 한 남자가 암사자가 살고 있는 동굴 근처에 가서 새끼 사자들을 귀여워해 주며 한 마리씩 암사자에게 건네주곤 했습니다. 10일 동안 그렇게 하자 남자는 암사자와 아주 친해져 왕의 병에 약으로 쓸 젖을 조금 얻을 수 있었습니다. 남자는 궁전으로 돌아오는 동안 자신의 신체 각 부분이 서로 다투는 꿈을 꾸게 되었습니다. 그것은 신체 중 어떤 부분이 가장 소중한가를 겨루는 꿈이었습니다.

"만일 내가 아니었더라면 암사자가 있는 장소까지 갈 수 없었을 거야."

발이 으스대며 말했습니다.

"무슨 소리야? 내가 아니면 아무 것도 볼 수 없었을 거야. 볼 수 없다면 아무것도 할 수 없지."

눈은 발에게 그런 소리 하지 말라며 자기의 주장을 강조하였습니다. 그러자 심장이 말했습니다.

"둘 다 틀렸어. 만일 내가 없었더라면 도저히 이곳까지 올 수 없었을 거야."

"무슨 소리! 만약 말을 못했다면 너희들은 어떤 역할도 하지 못했을 거야."

가만히 듣고 있던 혀가 콧방귀를 뀌며 말했습니다. 혀가 말을 마치자 가만히 있던 신체 각 부분이

"말도 안 되는 소리 하지 마!"

라고 소리치며 혀를 공격하였습니다. 남자가 궁전에 도착했을

때 또 다시 혀가 말했습니다.

"좋아. 이제 내가 과연 누가 가장 소중하지를 너희들에게 가르쳐 주겠다."

남자는 왕에게 암사자의 젖을 내 놓았습니다.

"이게 무슨 젖이냐?"

왕이 남자에게 물었습니다.

"이것은 개의 젖입니다."

남자가 대뜸 이렇게 말했습니다. 그러자 조금 전 까지만 해도 제각각 나서서 자기의 소중함을 주장하던 신체 각 부분들이 비로소 혀가 참으로 큰 힘을 가진 존재라는 사실을 깨닫고는 모두 용서를 빌었습니다. 가만히 듣고 있던 혀는 활짝 웃으며 말했습니다.

"폐하, 조금 전에 제가 잘못 말했습니다. 이건 틀림없는 암사자의 젖입니다."

"그래? 잘 알겠다. 수고했노라. 네게 큰 상금을 내리겠노라."

왕은 기쁨 가득한 얼굴로 말했습니다.

이 이야기를 보면 신체 각 부분이 자신의 중요성을 주장하고 있습니다. 발도, 눈도, 심장도 자신 때문에 암사자의 젖을 구했다고 말합니다. 그 때 혀가 자신이 가장 소중하다고 말하자 발과 눈과 심장은 말 같지 않는 말 하지 말라며 핀잔을 줍니다. 하지만 혀는 두고 보면 안다고 말하지요.

남자가 왕에게 사자의 젖을 주자 혀는 개의 젖이라고 합니다. 그러자 발과 눈과 심장은 그제야 혀가 가장 소중하다는 것을 알게 되지요. 곧바로 혀는 개 젖이 아니고 암사자의 젖이라고 말합니다. 그리고 남자는 상금을 받게 되지요.

여기서 중요한 사실은 발도, 눈도, 심장도 다 소중합니다. 어느 것 하나 소중하지 않은 것은 없습니다. 그런데 어떤 상황이냐에 따라 중요도가 달라지는 것이지요. 이 이야기에서 혀가 가장 소중한 것은 혀는 말을 하는데 아주 중요한 역할을 하기 때문이지요. 만일, 혀가 없다면 그 어떤 말도 할 수 없었을 테니까요.

그렇습니다. 이는 사람 일에 있어서도 똑 같습니다. 일의 상황에 따라 중요도가 있는 법이지요. 그러니까 무슨 일에서든 중요한 순서대로 하면 별 탈 없이 좋은 결과를 내는 법이지요.

우리 10대들도 무슨 일을 하던지 상황에 맞게 어느 것을 먼저 해야 하는지를 잘 생각해서 한다면, 같은 일도 더 좋은 결과를 내게 될 거예요. 지혜롭고 슬기로운 10대가 되기 바랍니다.

생각비타민

사람은 무슨 일을 하던
그 중요도에 따라 해야 합니다.
먼저 할 일이 무엇인지 잘 생각해서
순리와 순서에 맞게 해야 좋은 결과를 낳습니다.
그렇습니다.
상황에 맞게 소중한 것부터 하기 바랍니다.

10

다시 찾은 지갑,
장사꾼에게 배우는 지혜

"지혜는 그것을 이용하려고 하는 자의 머리 위에서만 반짝인다."

이는 《탈무드》에 나오는 말로 지혜는 지혜를 구하고자 노력하는 사람에게 도움을 준다는 것을 의미 합니다.

탈무드라는 말은 '깊이 배운다'는 뜻입니다. 그러니까 한 가지를 배워도 자세하게 배운다는 것이지요.

왜 그럴까요? 자세히 배우면 잊지 않고 오래 간직할 수 있고 그로인해 다른 것 까지도 알게 되는 기회를 갖게 되기 때문이지요. 모름지기 지혜라든가 학문은 그것과 연관성이 있는 것들이 연결되어 있는 까닭입니다. 즉 하나의 이론은 그것만으로 끝나는 것이 아니라 그것을 바탕으로 해서 다른 이론을 끌어내는 법이지요.

《탈무드》는 이런 과정을 통해 5000년 동안 끊임없이 발전하여 오늘에 이른 방대한 양의 지혜서입니다. 그래서 유대인들은《탈무드》를 의무적으로 읽고 그대로 실천해 옮기지요. 오늘 날 그들이 세계 최고의 민족으로 자타가 인정하는 데에는 상황에 맞게 지혜를 잘 적용한데 있다고 할 수 있습니다. 지혜는 캄캄한 길을 환히 밝혀주는 등불과도 같기 때문이지요. 다음은 지혜의 중요성을 잘 알게 하는 이야기입니다.

어느 마을에 온 장사꾼은 며칠 뒤 그곳에서 할인 판매한다는 사실을 알고 그때까지 기다렸다가 물건을 사기로 하였습니다.

"가만, 이 많은 돈을 어떻게 하지?"

장사꾼은 자기가 가지고 있는 많은 돈 때문에 은근히 걱정이 되었습니다. 자칫 큰돈을 잃어버릴 수도 있기 때문입니다. 그래서 장사꾼은 사람이 잘 안 다니는 곳에 땅을 파고 돈을 묻었습니다.

다음날 돈을 묻어 두었던 곳으로 간 장사꾼은 깜짝 놀라고 말았습니다. 꽁꽁 숨겨둔 돈이 감쪽같이 사라지고 만 것입니다.

"어, 도, 돈! 내 돈이 어디 갔지?"

그는 얼굴이 하얗게 변한 채 울상이 되어 소리쳤습니다. 마음을 가다듬고 그는 곰곰이 생각해 봐도 알 길이 없었습니다. 그런데 저 멀리 떨어진 곳에 있는 집 한 채가 그의 눈에 들어왔습니다. 가까이 다가가보니 그 집 담에 구멍이 뚫려 있다는 사실을 알게 되었습니다. 그는 그 집에 살고 있는 사람이 그 구멍으로 돈을 파묻는 광경을 훔쳐보고 있다가 나중에 파내 간 것이 분명하다고 생각했습니다. 이렇게 생각한 장사꾼은 그 집을 방문하여 그 집에 살고 있는 남자에게 말했습니다.

"당신은 도시에서 살고 있으니 대단히 머리가 좋겠군요."

"그게 무슨 말입니까?"

그 집 주인이 의아해서 말했습니다.

"난 당신의 지혜를 빌리고 싶어 이렇게 찾아왔습니다."

"무슨 일이 있나요?"

"네. 사실은 지갑 두개를 가지고 이 마을로 물건을 사러왔답니다. 지갑 하나에는 500개의 은화를 넣었고, 나머지 하나에는 800개의 은화를 넣었지요. 나는 그 중 작은 지갑을 아무도 모르는

어떤 장소에 묻어 두었답니다. 그런데 나머지 큰 지갑까지 묻어
두는 게 좋을까요?"

"그래요. 나라면 작은 지갑을 묻어 둔 곳에 큰 지갑도 묻어 두
겠소."

집주인은 거리낌 없이 대답하였습니다.

"잘 알겠습니다. 감사합니다."

장사꾼은 이렇게 말하며 그 집을 나왔습니다. 장사꾼이 가자
욕심꾸러기 남자는 자기가 훔쳐왔던 지갑을 전에 묻혀있던 장소
로 가져가 다시 묻어 놓았습니다. 그 모습을 몰래 지켜보고 있던
장사꾼은 자기 지갑을 무사히 되찾았답니다.

이 이야기에 나오는 장사꾼은 매우 지혜롭고 재치 있는 사람입
니다. 그는 돈을 도둑맞고 순간 당황했지만 이내 차분한 마음으
로 누가 돈을 훔쳐갔는지에 대해 곰곰이 생각합니다. 그러던 중
저 멀리 있는 집을 보고 꼼꼼히 살피던 중 담에 구멍이 난 것을
알게 되고, 지혜롭고 재치 있게 돈을 훔쳐 간 사람을 감쪽같이 이
용하여 자신의 돈을 되찾았습니다. 참으로 지혜로운 장사꾼이라
는 것을 알 수 있습니다.

이처럼 재치가 있다는 것은 지혜와 슬기가 뛰어나다는 증거입

니다. 그래서 지혜로운 사람은 어딜 가든 누굴 만나든 호감을 주고 좋은 관계로 이어지지요.

우리 10대들도 지혜를 기르고 슬기로운 마음을 기르도록 노력하세요. 그러기 위해서는 공부하느라 바쁘더라도 틈틈이 독서를 하고, 신문도 읽고 뉴스도 꼼꼼히 챙겨 읽기 바랍니다. 좋은 글이 눈에 띠면 따로 메모해서 마음에 새기도록 하세요. 그렇게 꾸준히 하다보면 충분한 상식을 기르게 되고 그로 인해 충분한 지혜를 쌓을 수 있답니다.

생각비타민

지혜로운 사람의 눈을 보면
샛별처럼 초롱초롱 빛이 납니다.
그의 머리는 늘
새로운 것을 찾기 위해 반짝이지요.
지혜는 경험을 통해 길러지고,
독서와 신문,
뉴스 등을 통해서도 기를 수 있습니다.
이처럼 풍부한 상식을 기르게 되면
지혜는 자연히 길러진답니다.
지혜는 인생을 풍요롭게 하는 마음의 등불입니다.

11

전부를 주었던
막내 동생의 진정성

사람이 반드시 지녀야 할 마인드로는 정직성, 책임감, 성실성, 의지와 끈기, 열정, 진정성을 들 수 있습니다. 여기서 진정성은 '진실하고 참된 마음'을 말합니다. 그래서 사람들은 누구나 진정성이 있는 사람을 좋아합니다. 진정성이 있는 사람은 믿음이 가고 신뢰가 가기 때문이지요.

좋은 사람을 친구로 사귀고 싶다면 진정성 있는 자신의 모습을 보여주면 그 사람을 자신의 친구로 사귀는데 큰 도움이 됩니다. 이에 대해 미국국민이 제일 존경하는 에이브러햄 링컨은 이렇게 말했습니다.

"만일 누군가를 당신의 편으로 만들고 싶다면 먼저 당신이 그의 진정한 친구임을 확인시켜야 한다."

참으로 올바른 지적이 아닐 수 없습니다.

링컨이 미국 국민들로부터 존경받는 것은 바로 그의 진정성 있는 말과 행동에 있습니다. 그는 노예를 해방시키고, 그 누구에게나 진실했으며 참된 민주주의를 위해 자신을 헌신하였지요.

이처럼 진정성은 반드시 갖춰야 할 성품이랍니다. 진정성에 대해 잘 알게 하는 이야기입니다.

어느 나라 임금님의 하나뿐인 공주가 큰 병을 얻어 죽음을 눈앞에 두고 있었어요. 근심에 쌓인 임금님은 음식을 입에 대지도 않은 채 의술이 뛰어난 의사를 궁전으로 불러들였어요.

"여봐라, 어서 공주의 병을 진찰해 보아라."

"네. 대왕마마."

임금님의 명을 받은 의사는 정성껏 공주를 진찰하였어요. 진찰을 마친 의사는 걱정스런 얼굴로 임금님께 말했어요.

"대왕마마, 공주님께서 신비의 명약을 쓰지 않으면 살아날 가망이 없습니다."

"뭐라? 그토록 위급하더란 말이냐?"

슬픈 얼굴로 임금님이 말했어요.

"네. 대왕마마."

"알았다. 그만 가보아라. 시종, 게 있느냐!"

임금님은 큰 소리고 시종을 불렀어요.

"네. 여기 있습니다."

"지금부터 내가 하는 말대로 하여라."

"네. 대왕마마."

"공주의 병을 낫게 해주는 사람은 사위로 맞아들이고, 내 뒤를 이어 왕이 되게 해 주겠다고 알리도록 하라."

"네. 대왕마마."

이 소문은 곧 전국에 퍼졌어요. 마침, 멀리 떨어진 곳에 살고 있는 삼형제 중 첫째가 마법의 망원경으로 그 포고문을 보게 되었어요.

"저럴 수가! 공주님이 죽을병에 걸리다니……"

첫째는 이 사실을 두 동생에게 알렸어요.

"오, 가엾은 공주님이 죽을병에 걸리다니……. 참으로 안타까운 일이야."

이 사실을 알게 된 두 동생들도 슬픈 눈으로 말했어요.

"애들아, 우리가 한 번 고쳐보자."

첫째가 두 동생에게 말했어요.

둘째에게는 날아다니는 양탄자가 있었고, 막내에게는 먹기만 하면 그 어떤 병도 나을 수 있는 마법의 사과가 있었어요.

"알았어, 형. 그렇게 해."

두 동생은 흔쾌히 대답했어요.

삼형제는 날아다니는 양탄자를 타고 쏜살같이 궁전으로 갔어요.

"너희들은 누구냐!"

궁전 수비대장이 무서운 얼굴로 삼형제에게 말했어요.

"우리는 공주님의 병을 고쳐드리기 위해 왔습니다. 저희를 공주님께 데려다 주십시오."

둘째가 자신감 넘치는 목소리로 말했어요.

"그래? 알았다. 따라 오너라."

삼형제는 수비대장을 따라 궁전으로 갔어요. 처음 본 궁전은 너무 멋지고 아름다웠어요.

잠시 후 삼형제는 임금님을 만났어요.

"너희들이 공주의 병을 고쳐주겠다고 했느냐?"

"네. 대왕마마."

"그래? 자신 있느냐?"

"네. 자신 있습니다."

삼형제의 늠름하고 자신감 넘치는 모습에 임금님은 실낱같은 희망을 발견했어요.

"그래. 그럼 어서 고쳐 보아라."

"네. 대왕마마."

삼형제는 공주의 방으로 갔어요.

"공주님, 저희가 공주님 병을 고쳐드리겠습니다. 이 사과를 한 번 먹어 보세요."

"이 사과를?"

"네. 공주님."

막내가 씩씩하게 말하자 공주는 사과를 먹었어요. 사과를 먹고 나자 놀랍게도 공주가 자리에서 벌떡 일어났어요.

"와아! 공주님께서 살아나셨다. 공주님 만세!"

궁전은 시끌벅적했어요. 가슴 졸이고 있던 임금님도 크게 기뻐하며 삼형제를 불렀어요. 삼형제는 임금님 앞으로 나갔어요.

"장하구나. 공주병을 낫게 하다니……. 그래, 너희 삼형제 중 누가 내 사위가 되겠느냐?"

"제가 망원경으로 포고문을 보았기 때문에 저희들이 이곳에 올 수 있었습니다."

첫째가 말을 마치자 이번엔 둘째가 말했어요.

"저희가 궁전까지 올 수 있었던 것은 오직 저의 마법의 양탄자가 있었기 때문입니다."

그러자 막내가 말했어요.

"제가 가지고 있던 마법의 사과가 아니었더라면, 공주님은 살아날 수 없었을 겁니다."

삼형제의 서로 다른 주장은 임금님을 혼란스럽게 만들었습니다.

이 이야기에서 진정성이 있는 사람은 삼형제중 누구일까요. 그는 바로 막내 동생입니다.

왜 그럴까요. 첫째는 여전히 마법의 망원경을 가지고 있고, 둘째 역시 여전히 날아다니는 양탄자를 가지고 있지만, 막내는 마법의 사과를 공주에게 주어 지금 그의 손에 아무것도 없기 때문입니다.

막내는 자신의 가장 소중한 것을 아낌없이 공주에게 주었지요. 그래서 임금님의 사위는 막내가 되어야 마땅하지요.

그렇습니다. 자신이 가진 것을 아낌없이 줄 수 있다는 것은 아무나 할 수 있는 일이 아닙니다. 그것은 상대를 진정으로 아끼고 위하는 마음이 있을 때만 할 수 있는 아름다운 행위이니까요.

지금 한 번 가만히 자신을 살펴보세요. 과연 나는 진정성이 있는지를. 그래서 진정성이 있다면, 계속 그 마음을 지켜나가세요. 혹여, 진정성이 없다는 생각이 들면 진정성을 키우도록 노력하기 바랍니다.

생각비타민

사람이 반드시 갖춰야 할
품성 중 하나는 진정성입니다.
진정성을 기르기 위해서는
거짓이 없고 스스로에게 정직해야 합니다.
그리고 참된 마음을 길러야 합니다.
이 두 가지 마음을 갖추게 되면
언제 어느 곳에서나 누구를 만나더라도
내 자신을 진실 되게 할 수 있답니다.
'마음의 보석'인 진정성을 꼭 마음에 품기 바랍니다.

12

마음을 병들게 하는
무서운 탐욕

사람은 태어나면서 누구나 본능적인 욕심은 다 있습니다. 그것은 아주 자연스러운 현상이지요. 그런데 그 욕심이 지나치면 탐욕이 된답니다. 탐욕이란 '지나치게 탐하는 마음'을 말하는데, 탐욕이 무서운 것은 사람의 마음을 병들게 하여 한번 탐욕에 물들면 탐욕이란 함정에서 빠져나오기 힘들게 하는 데 있습니다. 그래서 탐욕에 물들면 안 되는 것입니다. 이에 대해 《수상록》으로 유명한 프랑스 사상가 미셸 드 몽테뉴는 다음과 같이 말했지요.

"탐욕은 일체를 얻고자 욕심내어서 도리어 모든 것을 잃어버린다."

몽테뉴의 말에서 보듯 탐욕을 부리다가는 가지고 있는 것마저도 모두 잃게 될 수 있습니다. 우리의 고전《흥부전》을 보더라도 놀부는 탐욕을 부리다 모든 것을 잃고 말았지요.

그렇습니다. 이는 비단 이야기 속에서만이 아니라 실제 이런 일은 역사적으로도 우리 주변에서도 많이 볼 수 있습니다. 권력을 탐하다 목숨을 잃고, 재물을 탐하다 형제간에 원수처럼 된 경우는 흔히 볼 수 있으니까요. 이처럼 탐욕은 마음을 병들게 하는 무서운 독과 같아 이를 경계해야합니다.

어느 마을에 포도원이 있었어요. 탐스러운 포도송이가 보는 것만으로도 군침을 흘리게 했어요.

이때 여우 한 마리가 그 포도송이를 보게 되었어요.

"야! 저 탱글탱글한 포도 좀 봐. 와아, 신난다. 저 포도를 맘껏 먹어야지."

군침을 흘리며 여우는 포도원 주위를 서성거렸어요. 워낙 울타리가 단단히 쳐져있어, 포도원 안으로 들어간다는 것은 쉬운 일이 아니었어요.

"어떡하지? 저 맛있는 포도를 보고만 있어야 하다니……. 아유! 짜증난다."

약이 바짝 오른 여우는 자신의 가슴을 앞발로 "탁! 탁!" 치며 분통을 터뜨렸어요.

"두고 봐라. 반드시 배 터지도록 포도를 먹고 말테다. 으이구, 속상해!"

여우는 궁리 끝에 살을 빼기로 했어요. 살을 빼면 몸이 홀쭉해져 울타리 틈사이로 들어갈 수 있을 거라고 생각했던 거지요.

3일 동안 아무 것도 안 먹은 여우는 드디어 포도원으로 들어갈 수 있었어요.

"과연 나는 머리가 비상하단 말이야. 머리 쓰는 데는 날 따라올 동물이 없지. 하하하……"

여우는 큰 소리로 웃으며 자신의 머리를 한 번 쓰윽 쓰다듬었어요. 그리고 나선 허겁지겁 탐스런 포도를 먹어댔어요. 사흘 동안 굶은 여우의 눈엔 온통 포도송이들로 가득 차 있었어요.

"우아, 맛있다! 오늘은 내 세상이다. 으히히, 신난다, 신나!"

여우는 먹는 데만 신경 쓰다 보니 어느새 배가 고무풍선처럼 빵빵해졌어요.

"휴, 이젠 좀 살 것 같다. 크윽!"

여우는 트림까지 해가며 뒤로 벌렁 누웠어요. 그리고 잠시 후 포도원 밖으로 나가려는데 배가 빵빵해져 나갈 수가 없었어요.

"아유, 이거 큰일인데, 이를 어쩌지⋯⋯"

여우는 이렇게 중얼거리며 아무리 애를 써 보았지만 도저히 포도원 밖으로 나갈 수 없었어요.

결국 여우는 사흘을 꼬박 굶고서야 비실비실 해진 몸으로 포도원 밖으로 나올 수 있었어요.

"배가 고픈 것은 포도원에 들어 갈 때나 나올 때나 마찬가지구나. 아유, 배고파. 내가 어리석었지⋯⋯"

여우는 이렇게 말하며, 비틀비틀 걸어갔어요.

이는 〈어리석은 여우〉 이야기입니다. 여우는 꾀가 많은 동물로 널리 알려졌지요. 그런데 좋은 꾀는 좋은 데 써서 좋지만, 나쁜 꾀는 자신을 구렁텅이에 빠지게 하고 남에게도 피해를 주는 악과 같습니다.

여우는 자신이 매우 똑똑한 줄 알고 사흘을 굶고 포도원에 들어가 포도를 배불리 먹었지만, 뚱뚱해진 몸으로 구멍으로 나올 수 없어 결국 사흘을 굶은 끝에 포도원을 나올 수 있었지요.

여우는 탐욕에 눈이 어두워 포도원 안으로 들어갈 생각만 했지, 포도를 배불리 먹은 후 나오는 생각은 하지 못했지요.

이처럼 탐욕은 꾀 많은 여우를 바보가 되게 하지요. 탐욕에 눈이 멀면 오직 탐욕을 부릴 생각에 아무것도 생각지 못하게 되는 것입니다.

어느 정도의 욕심은 사람에겐 당연하지만 욕심이 지나치면 무서운 탐욕으로 변하게 됩니다. 탐욕은 무서운 독입니다. 탐욕에 물들지 않게 항상 마음을 깨끗이 하고, 자신을 살피기 바랍니다.

생각비타민

욕심은 본능입니다.
욕심을 다 비울 수는 없지만,
지나치면 탐욕으로 변하니 이를 조심하여
늘 경계해야 합니다.
혹여, 자신이 마음이 자꾸만 욕심을 부리려한다면
매우 위험하니, 그럴 땐 "진정해, 마음아!"하면서
자신의 마음을 가만히 토닥여주세요.
그리고 마음이 차분히 가라앉을 때까지
다른 생각은 하지 마세요.
그러면 욕심을 부리는 마음이 사라진답니다.

13

효는 자식이 해야 할 당연한 도리이다

"효는 백가지 행실의 근본이다. 부모에게 효도하는 사람은 우선 남을 미워할 줄 모르며 부모를 공경하는 사람은 남을 얕보지 않는다."

이는 《효경孝敬》에 나오는 말로 《효경》이란 공자와 증자가 효에 관하여 문답한 것을 기록한 13경 중 하나로 유교경전이지요.

앞의 말은 효는 백가지 행실의 근본이 될 만큼 매우 중요한 예절이란 걸 잘 알게 합니다. 그래서 조선시대에는 나라에서 효자들에게 큰 상을 내리고 비를 세워 그 행실을 널리 알려 귀감이 되게 했습니다. 나를 낳아주신 부모님은 참 감사하고 고마운 분이십니다. 그러니 어찌 효를 다하지 않을 수 있을까요.

"나무는 잠잠 하려고 하나 바람이 그치지 않고, 자식은 섬기고자 하나 어버이는 기다리지 않는다."

이는 고대 중국의 사상가인 맹자孟子가 한 말로 부모에게 효를 하기 위해서는 지금 살아계실 때 해야 한다는 말이지요. 돌아가시고 나면 효도를 하고 싶어도 할 수 없으니까요.

효도는 자식으로서 부모에 대한 마땅한 의무이자 도리입니다. 이에 대한 이야기입니다.

먼 옛날 이스라엘에 두마라는 마을이 있었습니다. 그곳엔 금화 6천개 값에 달하는 다이아몬드를 가진 사람이 살고 있었어요. 금화 6천개는 상당히 많은 돈이었어요. 이 돈만 있으면 무엇이든 살 수 있고, 떵떵거리며 살 수 있었어요.

그러던 어느 날 한 랍비가 성전을 장식하는 데 쓰기 위해, 금화 6천개를 준비해서 그의 집을 방문했어요.

"계십니까?"

"누구세요?"

밖으로 나온 사람은 그 집 아들이었어요.

"나는 랍비입니다. 저, 이 집에 다이아몬드가 있다고 해서 그것을 사기위해 금화 6천개를 가지고 왔습니다."

"그래요? 그런데 어쩌지요? 지금은 팔수가 없습니다."

"무슨 일이 있습니까? 금화 6천개라면 아주 큰돈인데요."

랍비는 의아한 얼굴로 물었어요.

"금화 6천개라면 저도 갖고 싶습니다. 그 돈이면 큰 부자가 될 수 있으니까요."

"그런데 왜 주저하지요? 성전을 장식하는데 그 다이아몬드가 꼭 필요합니다. 제발 부탁드립니다."

랍비는 거듭 팔라고 말했어요.

"죄송합니다. 그 다이아몬드 금고 열쇠를 아버지께서 갖고 계신데, 그 열쇠를 베개 밑에 넣어 둔 채 지금 아버지께서 주무시고 계십니다. 그래서 아버지를 깨울 수 없습니다."

"그래요? 알겠습니다. 그럼, 다음에 오겠습니다."

랍비는 지금당장 다이아몬드를 살 수 없었지만, 아들의 행동에 감탄해서 가는 곳곳마다 그의 얘기를 들려주었어요. 랍비의 얘기를 들은 사람들은 크게 감동하였답니다.

이 이야기 속의 아들은 참 훌륭합니다. 랍비가 금화 6천개를

주고 다이아몬드를 사겠다고 했지만, 아들은 아버지가 주무신다
는 이유로 거절 했으니까요. 다이아몬드가 들어있는 금고 열쇠
를 아버지가 갖고 있었기 때문에 아버지를 깨워야 했거든요. 더
구나 금화 6천개면 큰 부자가 될 수도 있는데 말입니다.

아들에게는 금화보다 아버지가 주무시는 게 더 중요했습니다.
랍비는 다시 온다는 말을 남기고 가면서도 기분이 좋았습니다.
그리고 그 사실을 사람들에게 들려주었지요.

아들의 행위에 대해 꼭 그렇게 할 필요가 있었을까, 라고 말하
는 사람들도 있을 겁니다. 하지만 진정한 효는 이 이야기 속의
아들처럼 해야 하는 것이지요. 부모님은 낳아주고, 먹이고, 입히
고, 가르쳐서 한 인격체로 길러주는 고마운 분이 시니까요. 부모
님에 대한 시 한 편을 소개합니다.

어버이는 내 생명 근원의 강江

살이 되고 피가 되고 뼈가 되고

어느 것 하나 거저 된 것이 없구나.

내 몸 속을 타고 흐르는 숨결도

나의 목소리 나의 머리카락 하나

나의 눈동자 나의 입술

나의 발걸음 나의 웃음소리까지에도

어버이는 살아있어

나를 영화롭게 하시며 삶을 지탱케 하시는

아, 거룩한 목숨이시며

아, 숭고한 정신인 것을.

그 어느 사랑이 이보다 영롱하며

그 어떤 숨결이 이보다 따사로우며

그 어느 삶이 이보다 눈물겨우랴.

가슴을 열고 그 아무리

하고 많은 말들을 주워 섬겨

공을 쌓고 은혜를 노래한들

그 어찌 어버이 베푸신 사랑에

근처엔들 이를까 마는,

어버이는 눈물로 사랑을 만드시고

슬픔과 고통을 삼키시며

행복과 기쁨의 삶을 엮어내시는

오묘하고 고고한

사랑의 완성자이시다.

어버이시여,

사랑이시여, 목숨이시여, 생명이시여,

장엄하시어라 그 사랑

높고 크시어라 그 은총이여,

어버이시여 사랑하옵니다.

부디 그 성덕聖德에 천복天福 누리시옵소서.

이는 나의 〈부모〉라는 시입니다. 나는 우리 청소년들에게 부모님의 사랑과 은혜에 대해 생각해보고, 그 감사한 마음을 느껴보라는 뜻에서 이 시를 썼습니다. 이 시에서 표현했듯이 '어버이는 눈물로 사랑을 만드시고/ 슬픔과 고통을 삼키시며/ 행복과 기쁨의 삶을 엮어내시는/ 오묘하고 고고한/ 사랑의 완성자이시다.'이 시지요.

이처럼 감사하고 소중한 분이 부모님이십니다.

자식으로서 효는 기본입니다. 그럼에도 자식들 중엔 부모님에 대한 효를 등한시 하는 이들이 있습니다. 부모님이 용돈을 적게 준다고 불평을 하고, 잔소리를 한다고 짜증을 내고, 맛있는 것은 자신의 입으로 먼저 가져가는 등 예의 없고 자식의 도리를 하지 못합니다. 이는 막대한 불효가 아닐 수 없습니다. 그런 까닭에 예를 갖춰 효를 다해야하는 것입니다.

그렇습니다. 부모님께 예를 갖추고, 효를 다하는 우리의 10대들이 되기 바랍니다.

생각비타민

효는 모든 행실에 근본이며

자식이라면 반드시 행해야 할 예의며 도리입니다.

효를 다하기 위해서는 부모님께

걱정을 끼쳐드리는 일을 삼가고,

다소 듣기 어려운 말도 받아 들여야 합니다.

좋은 말도 쓴 소리도 부모님 말씀은

자식을 위한 양약인 것입니다.

양약은 입에 쓰지만 몸을 낫게 하고 건강하게 해주니까요.

부모님 말씀에 순종하고 효를 다하기 바랍니다.

14

어떤 상황에서도 희망은 기쁨을 꽃 피운다

사람이 세상을 살아가는데 있어 가장 큰 힘이 되는 것은 바로 '희망'입니다. 희망을 가슴에 품고 있다면 그리고 그 희망을 꿈꾸면서 자신의 일을 열심히 해나가면 좋은 결과를 이룰 수 있게 해주기 때문입니다.

자신의 꿈을 이루고 삶을 승리로 이끈 사람들의 공통점은 희망을 품고 그 희망을 향해 나아갔다는 것입니다. 희망을 향해 가다 보면 고통과 시련이라는 걸림돌도 만나고, 좌절도 겪게 되고, 포기하고 싶은 마음도 들지요. 자신의 꿈을 이룬 사람들은 이 모든 과정을 인내와 의지, 용기로 극복해 내었던 것입니다.

희망은 고통의 어둠을 환히 밝히는 등불이며, 불가능도 가능하게 하는 에너지 발전소입니다. 희망에 대해 미국의 소설가 리처드 브리크너는 이렇게 말했습니다.

"희망은 절대 당신을 버리지 않는다. 다만 당신이 희망을 버릴 뿐이다."

리처드 브리크너의 말처럼 희망은 자신을 좋아하는 사람은 절대 버리지 않지요. 그래서 희망은 꼭 간직해야 하는 것입니다. 그리고 희망의 활용법에 대해 벨기에 추기경 수에넨스는 다음과 같이 말했습니다.

"희망은 꿈이 아니라 꿈을 실현하는 방법이다."

수에넨스의 말처럼 희망은 꿈을 실현하는 수단이지요. 희망을 품고 자신의 꿈을 향해 씩씩하게 나아가세요.

이스라엘에서 가장 유명한 랍비 아키바는 당나귀와 개와 조그만 램프를 가지고 여행을 떠났어요.

"여행은 언제나 마음을 설레게 하는군."

아키바는 즐거운 마음에 콧노래까지 흥얼거렸어요.

밝은 태양이 서서히 꼬리를 감추며 기울자, 도둑고양이처럼 어둠이 슬금슬금 다가왔어요. 아키바는 잠잘 곳을 찾다 허름한 헛간을 발견 하였어요.

"잠자기엔 너무 허술하지만, 이곳에서 묵어야겠군."

아키바는 헛간에 자리를 잡고 간단히 저녁을 먹은 뒤, 책을 읽기 위해 램프를 켰어요. 책을 읽는 데 갑자기 바람이 불어와 그만 불이 꺼지고 말았어요.

"아쉽지만 오늘 밤 책 읽기는 그만둬야겠군."

아키바는 이렇게 말하며 잠을 자기위해 자리에 누웠어요. 헛간 문틈으로 바라보는 밤하늘은 너무도 아름다웠습니다. 밤하늘을 반짝이며 빛나는 수많은 별들은 마치 아가의 맑은 눈망울처럼 마음을 순수하게 해주었습니다.

"밤하늘이 저토록 아름답다니, 가히 한 폭의 명화와 같구나."

아키바는 이렇게 말하며 연신 감탄을 하였습니다. 그리고 잠시 후 잠에 빠져들었습니다.

그런데 한 밤중에 여우가 나타나 아키바가 데리고 있던 개를 죽였고, 사자가 나타나 당나귀를 물어 죽였지요.

"아니, 이게 어떻게 된 거지? 개도 죽고 당나귀까지 죽다니……."

아침이 되자 아키바는 처참한 광경을 보고, 매우 놀랐지만 이미 엎질러진 물이었어요. 하는 수 없이 아키바는 터덜터덜 길을 떠났어요. 등에서는 땀이 나고 다리는 아팠지만, 계속 걷고 걸은 끝에 한참만에야 어느 마을에 도착했지요. 순간 그는 깜짝 놀라고 말았습니다. 놀랍게도 마을은 폐허가 되어 있었어요.

"이럴 수가! 마을이 어쩌다 이 지경이 되었단 말인가?"

아키바는 눈앞에 펼쳐진 마을의 처참한 모습에 부르르 몸을 떨었어요.

얼마 후 아키바는 전날 밤 도둑 떼가 나타나 마을을 파괴하고, 재물을 빼앗고, 사람들을 닥치는 대로 죽였다는 것을 알게 되었어요. 아키바는 자신이 살아 있다는 것에 감사했답니다.

이 이야기는 큰 깨달음을 줍니다. 아키바가 책을 읽으려고 램프에 불을 켰을 때 바람이 불어 불이 꺼지고, 데리고 있던 개도 죽고 당나귀도 죽었지요. 대개의 사람들이라면 울상이 되어 발을 동동 구르고 어쩔 줄 몰라 크게 절망했을 거예요.

하지만 아키바는 실망하지 않고 담담하게 걸어서 다음 마을에 도착했지요.

그런데 마을은 완전히 폐허가 되어있었지요. 전날 밤 무시무시한 도둑떼가 마을을 습격한 것입니다.

여기서 우리는 중요한 사실을 발견합니다. 만일 램프가 바람에 꺼지지 않았더라면, 아키바는 도둑들에게 발각되었을 거예요. 그리고 개와 당나귀가 살아 있었더라면 소리로 인해 도둑들에게 들켰을 거예요.

그러나 아키바는 가지고 있던 것을 모두 잃은 덕분에, 도둑들에게 들키지 않고 살아남을 수 있었지요. 아키바에게 닥친 불행은 불행이 아니라 행운이었지요. 한마디로 말해 전화위복이 되었던 것입니다.

그렇습니다. 아키바는 유대 랍비 중 최고의 랍비입니다. 그는 지식이 많았을 뿐만 아니라 아주 지혜로운 사람이었지요. 그의 가슴은 늘 희망으로 가득 차 있었습니다. 그는 어려움 속에서도 희망을 잃지 않았기에 목숨을 지킬 수 있었지요.

희망은 친절하고 따뜻한 인생의 길잡이이자, 용기와 꿈을 주는 에너지입니다. 그런 까닭에 희망을 품고 사는 사람은 언제 어디서나 빛이 나지요.

희망을 가슴 가득 품고 꿈을 향해 힘차게 나가는 10대가 되기 바랍니다. 그래서 자신의 미래를 자신이 원하는 대로 멋지게 살기 바랍니다.

생각비타민

희망은 가장 좋은 마음의 벗입니다.

그래서 희망을 가슴에 품은 사람은

늘 자신감으로 가득 차 있고,

어려움과 시련을 만나도 두려워하지 않습니다.

희망은 그 사람에게 에너지를 주고

용기를 불어 넣어주기 때문이지요.

희망은 자신을 좋아하는 사람을 좋아합니다.

늘 희망과 함께 꿈을 향해 나아가기 바랍니다.

15

정직한 마음은
금은보화보다 소중하다

"정직은 최대의 방책이다."

이는 미국 건국의 아버지 중 한 사람인 벤저민 프랭클린이 한 말로 정직은 사람이 살아가는데 있어서 반드시 지켜야 할 마인 드입니다. 정직은 자신을 사람들로부터 신뢰하게 받게 하는 근본이니까요. 또한 정직은 모든 일이 잘 되게 하는 방법과 꾀 즉 지략과 같은 것이지요.

벤저민 프랭클린은 집이 가난하여 초등학교 4년만 다녔지만 많은 책을 읽고 스스로 공부하여 지식을 쌓았으며, 다방면에서 뛰어난 업적을 남겼지요. 무엇보다 그는 정직한 마음으로 많은 사람에게 믿음을 주었지요. 그 결과 그는 사업은 물론 정치에서도 크게 성공을 거두며 미국이 건국하는데 주역이 되었던 것입니다. 이처럼 정직은 금은보화보다도 소중한 자산입니다.

그런 까닭에 정직하지 않으면 사람들에게 믿음을 주지 못하고 신뢰받을 수 없어 삶을 살아가는데 큰 어려움이 따르게 됩니다. 생각해보세요. 거짓말쟁이를 누가 좋아하고 믿어줄지를.

그렇습니다. 지금 한창 꿈을 키우기 위해 노력하는 10대들은 그 어떤 것보다도 자신을 정직한 사람이 되게 해야 합니다. 그래야 정직으로 말미암아 자신이 잘 됨으로써 행복할 수 있으니까요. 이에 대해 독일의 물리학자이자 풍자작가인 리히텐베르크는 이렇게 말했습니다.

"오래가는 행복은 정직한 것 속에서만 발견할 수 있다."

옳은 말입니다. 행복한 사람은 대가 다 정직한 사람들이지요. 정직하니까 자신을 행복하게 하는 것입니다. 이에 대한 아름다움 이야기입니다.

나무 장사를 하며 사는 랍비가 있었어요. 랍비는 산에서 나무를 해서 마을까지 실어 나르느라, 많은 시간을 허비해야만 했어

요. 그는 《탈무드》를 연구하는 데 시간이 너무 부족해 당나귀를
한 마리 샀어요.

"자, 이제 당나귀가 있으니 《탈무드》를 연구하는 데 많은 시간
을 벌 수 있겠군."

랍비는 이렇게 말하며 활짝 웃었어요. 그러자 제자들도 크게
기뻐하며 당나귀를 끌고 냇가로 가서 씻겨주었어요. 그 때 갑자
기 당나귀 목구멍에서 다이아몬드가 튀어 나왔어요.

"야호, 다이아몬드다!"

한 제자가 크게 소리치자 다른 제자들의 눈은 일제히 당나귀와
다이아몬드에 쏠렸어요. 번쩍번쩍 빛나는 다이아몬드는 눈이 부
실만큼 아름다웠어요.

"이 다이아몬드를 선생님께 갖다 드리자. 그러면 선생님께서
나무를 해다 팔지 않으셔도 되니까."

"그래 맞아. 선생님께서 그 힘든 일을 안 하시는 것만도 얼마나
감사한 일이야."

제자들은 다이아몬드를 랍비에게 갖다 주었어요. 그러나 기뻐
할 줄 알았던 랍비는 근엄한 목소리로 말했어요.

"지금 당장 그 다이아몬드를 당나귀 전 주인에게 갖다 주어라."

그러자 제자들은 어리둥절한 표정으로 물었어요.

"선생님, 이 당나귀는 선생님께서 사신 것이 아닙니까?"

"그랬지."

"그런데 왜 당나귀 전 주인에게 갖다 주라고 하시지요?"

"나는 당나귀를 산거지 다이아몬드를 산 것은 아니다. 나는 당나귀만 갖겠다. 그러니 다이아몬드는 당나귀 전 주인에게 갖다 주도록 해라."

제자들은 랍비의 말을 듣고 크게 감동하여 더욱 그를 존경하였답니다.

이는 《탈무드》에 있는 〈당나귀와 다이아몬드〉 이야기로 랍비의 정직한 마음이 잘 나타나 있지요. 당나귀를 샀기 때문에 당나귀 입에서 나온 다이아몬드는, 자신의 것이라고 해도 전혀 문제될 것이 없지요. 하지만 랍비는 당나귀 전 주인에게 다이아몬드를 돌려주라고 했지요.

그러나 제자들은 생각이 달랐습니다. 당나귀를 돈 주고 샀기 때문에 다이아몬드는 당연히 랍비의 것이라고 말했지요. 이는 틀린 말이 아니지요. 당나귀를 돈 주고 샀기 때문에 당나귀와 관계된 것은 다 랍비의 것입니다. 그런데도 랍비는 자신은 당나귀를 산거지 다이아몬드를 산 것은 아니라고 말했던 것이지요. 제자들은 스승의 뜻을 알고 나선 더욱 그를 존경하였지요.

　정직한 마음!

　'정직한 마음'은 하얀 눈처럼 깨끗한 마음이기에, 그 누구에게
나 믿음과 신뢰를 갖게 하는 것이랍니다.

생각비타민

정직은 참 좋은 마음입니다.
사람들에게 믿음을 주고 신뢰를 받게 하니까요.
정직한 사람이 어딜 가든
사람들로부터 인정받는 것은 정직은 사람이
반드시 갖춰야 할 삶의 본분이기 때문이지요.
정직은 아주 값진 자산입니다.
그래서 이 소중한 정직을
마음 깊이 간직하고 살아야 합니다.
그래야 자신이
잘 될 수 있도록 큰 힘이 되어 줄 테니까요.

16

머리와
같은 사람

세상에는 여러 유형의 사람들이 있습니다. 머리와 같은 사람과 몸통과 같은 사람. 팔다리와 같은 사람, 꼬리와 같은 사람이지요. 머리와 같은 사람은 생각이 깊고 지혜로워 리더가 될 수 있는 사람이지요. 몸통과 같은 사람은 사회와 단체 등에서 중심을 이루는 사람과 같지요. 팔다리와 같은 사람은 이것저것을 잘 맡아서 해결할 줄 아는 능력을 가진 사람이지요.

그러나 꼬리와 같은 사람은 자신이 맡은 일을 제대로 할 줄 모르는 사람이지요. 이런 사람은 자신에게도 남에게도 사회에도 전혀 도움이 되지 않는 사람입니다. 이런 사람은 되지 않도록 해야 합니다.

우리는 머리와 몸통과 팔다리와 같은 사람이 되어야 합니다. 특히, 자신을 머리와 같은 사람이 되게 하면 더 좋겠지요. 머리와 같은 사람이 되기 위해서는 자신을 열심히 연마해야 합니다. 많은 책을 보고, 품성을 길러야 하고, 인내와 의지력을 길러야 합니다. 이렇게 실력을 갖추고, 품격을 갖추고, 그 어떤 고통과 시련도 이겨낼 수 있어야 합니다.

그렇습니다. 머리와 같은 사람은 아무나 될 수 없지만, 자신이 어떻게 해야 하느냐에 따라 사회 곳곳에서 얼마든지 머리와 같은 사람이 될 수 있습니다. 다음 이야기는 왜 머리와 같은 사람이 되어야 하는지를 잘 알게 합니다.

어떤 뱀이 있었습니다.

어느 날 항상 머리에 의해 끌려 다니기만 하던 꼬리가 불평을 늘어놓았습니다.

"왜 나는 항상 너의 뒤에 붙어 아무 이유도 없이 끌려 다녀야만 하지? 어째서 네가 내 뜻과 상관없이 네 마음대로 방향을 결정하고, 네가 가고 싶은 대로만 가는 것이냐? 이건 너무 불공평 해.

나도 뱀의 일부분인데 언제나 노예처럼 달라붙어 끌려 다니기만 한다는 건 말도 안 돼."

그러자 가만히 듣고 있던 머리가 말했습니다.

"아니, 너는 그걸 말이라고 하니? 너한테는 앞을 살펴 볼 눈도 없고, 위험을 감지할 귀도 없고, 행동도 결정짓는 생각도 없잖아. 나는 오직 나만을 위해 이러는 것이 아니라 너를 염려해서 늘 너를 이끌고 있는 거란다."

머리의 말이 끝나자마자 꼬리는 크게 소리 내어 비웃었습니다.

"그런 말이라면 귀가 따갑도록 들었다. 독재자들은 모두 자기를 따르는 이들을 위해서라는 그럴듯한 이유를 내세워 모든 걸 멋대로 하는 거야."

"그래? 그럼 내가 하는 일들을 네가 맡아서 해봐."

머리가 꼬리에게 자신의 역할을 대신해 보라며 말하자 꼬리는 좋아서 어쩔 줄 몰랐습니다. 그리고는 앞장서서 움직여 나가기 시작했으나 이내 웅덩이에 빠지고 말았습니다.

"어이쿠, 아이고 아파라!"

꼬리는 비명을 지르며 아파서 쩔쩔 맸습니다. 하는 수 없이 머리가 이리저리 생각하고 고생한 끝에 간신히 웅덩이에서 기어 나올 수 있었습니다. 얼마를 더 기어가던 꼬리는 가시덤불 속으로 들어서게 되었습니다. 꼬리가 버둥거릴수록 더욱 가시덤불 속에 갇히게 되어 마침내는 움직일 수조차 없었습니다.

"아, 따가워! 이, 이를 어쩌지. 크, 큰 일 났네."

이번에도 머리의 도움으로 간신히 많은 상처를 입은 채 빠져 나올 수 있었습니다. 밖으로 나온 꼬리는 다시 앞장서서 앞으로 나아갔습니다. 그런데 이번엔 불이 활활 타오르는 한가운데로 들어서게 되었습니다.

"앗, 뜨뜨, 뜨거워! 아이 뜨거워!"

몸이 뜨거워지자 꼬리는 소스라치게 놀라 어쩔 줄을 몰라 했습니다. 그러자 다급해진 머리가 재빨리 달아나려고 몸을 움직였으나 이미 때는 늦었습니다. 쓸데없이 고집을 부려댄 꼬리 때문에 머리까지 다쳐 결국은 죽고 말았습니다.

이 이야기는 능력도 안 되면서 시기와 질투와 탐욕으로 무언가를 한다는 것은 자신은 물론 모두를 불행하게 할 수 있는 매우 잘못된 일이라는 걸 깨닫게 합니다.

머리는 매우 지혜롭고 논리적이며 아주 침착합니다. 그리고 자신이 해야 할 일과 의무와 책임에 대해 잘 알고 있습니다.

그러나 꼬리는 능력도 안 되면서 억지를 부리고 욕심을 부리다

죽음을 맞게 되었지요. 만일 머리의 말을 따랐더라면 참담한 불행을 겪지 않았을 것입니다.

우리 사회는 많은 일터와 기관과 단체 등이 있습니다. 이런 곳에서 리더가 되고 싶다면 지혜로운 머리 같은 사람이 되어야 합니다. 시기와 질투와 욕심만 앞세워 자기 분수를 모르는 꼬리 같은 사람이 되어서는 안 됩니다. 자신도 이롭게 하고, 남도 이롭게 하고, 사회도 이롭게 하는 머리와 같은 사람이 되어야 합니다.

머리와 같은 사람이 되고 싶다면 그에 맞는 능력을 길러야 합니다. 그리고 무엇보다 모두를 이롭게 할 수 있는 마음가짐을 꼭 갖춰야 합니다. 그랬을 때 스스로에게 당당한 머리와 같은 사람으로 될 수 있답니다.

생각비타민

머리와 같은 사람이 되기 위해서
꼬리처럼 욕심만 앞세워서는 안 됩니다.
지혜를 기르고, 좋은 성품을 기르고,
시련과 고통을 감내할 수 있는
의지와 끈기, 용기를 길러야 합니다.
그리고 상대를 너그럽게 감싸줄 수 있는
관용의 마음을 길러야 합니다.
머리와 같은 사람은 그만한 능력을 갖췄을 때만
될 수 있다는 것을 마음에 새겨 실천하기 바랍니다.

—

대표적인
유대인

—

■ 스티븐 스필버그

(1946~) 미국 출생. 캘리포니아 주립대학 영화학과 졸업. 13세 때 이미 단편영화를 제작함. 대표적인 작품 〈죠스〉, 〈인디아나 존스〉, 〈쥐라기 공원〉, 〈칼라 퍼플〉, 〈E. T〉, 〈라이언 일병 구하기〉 등 다수. 세계최고의 흥행감독이자 최고의 감독.

세계 최고의 흥행감독 스티븐 스필버그는 어렸을 때부터 영화에 큰 관심을 보였습니다. 그는 이미 13세 때 아버지에게 400달러를 지원 받아 단편 양화를 찍었을 정도지요. 이때 그의 부모는 스필버그에게 공부나 하지 괜한 짓을 한다고 말하지 않았습니다. 자식이 원하니까 자신의 뜻대로 맡긴 것이지요. 특히 그의 어머니는 "No" 라는 말을 한 번도 하지 않았지요. 언제나 아들을 믿었고 격려를 아끼지 않았습니다.

이것이 바로 유대인 부모의 교육법입니다. 자식을 믿고 자식에게 맡긴다는 것, 그리고 뒤에서 끊임없이 지켜보며 조언을 아끼지 않는다는 것, 이것이 유대인만의 자율교육이지요.

스필버그는 영화감독의 꿈을 펼치기 위해 할리우드를 수시로 찾아갔고, 그런 그를 유니버설 스튜디오 직원으로 알 정도였습니다. 그러는 가운데 스필버그는 영화관계자들과 자연스럽게 알게 되었고, 마침내 기회를 얻었지요. 그렇게 만든 '죠스'가 놀랄

만한 흥행기록을 세웠을 때 그의 나이 고작 20대였습니다.

그의 대표작품으로는 〈인디아나 존스〉, 〈쥐라기 공원〉, 〈칼라 퍼플〉, 〈E. T〉, 〈라이언 일병 구하기〉 등이 있습니다. 그는 만드는 영화마다 공전의 히트를 치며 세계영화사에 전설이 되었습니다.

스필버그의 성공요소는 첫째, 자신을 사랑하고 세상중심에 서는 꿈을 늘 가슴에 품고 있었습니다. 둘째, 준비된 미래의 영화감독이었습니다. 셋째, 자신만의 상상력과 창의력이 뛰어났습니다. 넷째, 한 번 마음먹은 것은 반드시 실행에 옮겼습니다. 다섯째, 좋은 작품을 보는 예리한 직관력을 갖고 있었습니다. 여섯째, 쇠붙이도 녹이는 강한 열정을 갖고 있었습니다. 일곱째, 현실적이고 중용적인 사고를 가졌습니다.

스티븐 스필버그는 준비 된 영화감독으로서 자신이 이루고 싶은 상상력으로 최고의 영화를 만든 이 시대 최고의 감독입니다.

■ **조지소로스**

(1930~   ) 헝가리 태생. 세계해지펀드 귀재. 21세기 최고의 펀드 매니저.

21세기 최고의 펀드 매니저 조지소로스. 그는 헝가리에서 태어났습니다. 제 2차 세계대전 때 조국 헝가리가 독일에 점령당하자 유대인인 그는 히틀러의 박해를 피해 영국으로 갔습니다. 영국으로 간 그는 자신의 미래를 위해 웨이터로 일하며 힘든 나날을 보냈습니다. 그러면서도 런던경제대학에 입학하였습니다.

그 후 세일즈맨으로, 노동자로 일하면서 힘들게 공부한 조지소로스는 자신의 꿈을 위해 새로운 일을 시작하였습니다. 때때로 시련과 위기를 겪으면서도 그는 결코 좌절하지 않았습니다. 그리고 마침내 투자의 귀재가 되어 전 세계에 주목 받는 인생이되었습니다. 그의 말 한마디에 세계 주가가 움직일 만큼 막대한 영향력을 갖고 있습니다.

그가 세계 경제를 움직이는 미다스의 손이 될 수 있었던 것은, 타국인 영국에서 그것도 홀로 맨 주먹으로 새롭게 시작해야 하는 최악의 순간에도, 웨이터를 비롯해 판매일과 노동일로 학비를 벌어야 하는 힘든 나날에도, 꿈을 포기하지 않고 낙관적인 인간관으로 최선을 다했기 때문입니다.

유대인은 공기 인간으로 어떤 상황에서도 살아남아 자신의 존재감을 드러내는 강인한 민족입니다. 그 역시 공기인간의 특성을 유감없이 보여준 대표적인 유대인입니다.

■ 어네스트 체 게바라

(1928~1967) 쿠바 혁명을 이끈 아르헨티나 출신의 혁명가. 주요저서로 〈게릴라 전쟁〉 〈혁명전쟁 여행〉.

체 게바라는 아르헨티나 로사리오에서 태어났습니다. 몸이 약했던 그는 부모의 정성 어린 보살핌으로 건강해 졌고 그는 의사가 되기로 결심을 하였습니다.

그는 천성이 따뜻한 마음의 소유자였습니다. 배고픈 친구들에게 먹을 것과 입을 것을 나눠줄 만큼 인정이 많았습니다.

그런 그가 한 가지 의문을 품게 됩니다. 그것은 누구는 잘 살고 누구는 왜 못사는가, 하는 의문이었습니다. 그는 이런 의문을 간직한 채 의학공부를 하고 의학박사 학위를 받았습니다.

하지만 그는 앞날이 보장된 의사를 버리고 혁명만이 가난한 라틴아메리카의 사회적 불평등을 없앨 수 있다고 믿고 온몸을 바치기로 결심하고 쿠바 혁명지도자인 피델 카스트로와 합류하여 쿠바 혁명을 위해 목숨을 걸고 싸운 끝에 마침내 새로운 쿠바를 탄생시키는 데 일조를 하였습니다.

체 게바라는 여기에 만족하지 않고 볼리비아 반정부군을 도와 혁명전선에서 싸우다 볼리비아 정부군에게 잡혀 목숨을 잃고 말왔습니다. 그 때 그의 나이 불과 39세였습니다.

의사로서 부유한 삶이 보장 된 의사라는 직함을 과감히 버리고 가난하고 억압받는 자들을 위해 아낌없는 열정을 받쳤던 체 게바라는 20세기의 자유와 평화를 위해 뜨겁게 살았던 영원한 혁명가였습니다.

■ 마르크 샤갈

(1887~1985) 러시아 출생. 표현주의를 대표하는 에콜드파리 최대의 화가. 색채의 마술사라 칭함.

색채 마술사로 불리며 표현주의를 대표하는 에콜드파리 최대의 화가인 샤갈. 그는 러시아 비테프스크에서 태어났습니다. 1907년 페테르부르크에 가서 미술학교에 다닌 후, 1910년 파리로 가 모딜리아니와 레제 등을 배출한 아틀리에 '라 뤼슈'에서 그림공부를 하며 큐비즘 기법을 익혔습니다.

이 후 1911년 앙데팡당 전에 첫 출품하여 괴기하고 환상적인 화풍으로 전위파 화가와 시인들을 놀라게 했습니다.

그는 1911년 베를린에서 첫 개인전을 열어 성공한 후 화가의 길을 넓혀나갔습니다. 그리고 1917년 러시아혁명이 일어난 후엔 미술단체 요직을 맡고, 고향에 미술학교를 열었으며, 1919년에는 모스크바 국립 유대극장의 벽화장식을 담당하였으나, 사회주의 리얼리즘과 맞지 않아 1922년에 베를린으로 갔습니다. 그리고 1년 후 파리로 돌아왔습니다.

샤갈은 이때부터 판화를 제작하고 에콜드파리 유력한 작가로 주목받았습니다. 또 나아가 환상적인 작품으로 초현실주의 미술에 큰 영향을 끼쳤습니다.

그는 1948년 베네치아 비엔날레전에서 판화 상을 받았으며 유화, 판화, 벽화는 물론 무대장식 분야에 이르기까지 폭넓은 활동을 하였습니다.

그의 대표작으로는 〈손가락이 7개인 자화상〉, 〈바이올린 연주자〉, 〈기도하는 유대인〉, 〈에펠탑 앞의 신랑과 신부〉, 〈서커스〉 등이 있습니다.

샤갈이 개성 넘치는 뛰어난 작품을 남긴 대화가가 될 수 있었던 것은, 창의적인 마인드가 출중했기 때문입니다. 그의 창의적 마인드는 그만의 독창적인 화법을 만들어내게 했습니다. 단순한 것 같으면서도 화려하고, 환상적인 색체는 보는 이들에게 감탄을 자아내게 합니다. 그는 창의적 마인드의 대표적인 유대인입니다.

■ 헨리 키신저

(1923~　) 미국의 정치학자. 정치가. 핵전략 전문가. 노벨평화상 수상.

미국의 정치학자이며 정치가이자 핵전략 전문가인 헨리 키신저. 그는 유태인계 이민자로 1943년 미국에 귀화하여, 하버드대학을 졸업하고 2차 세계 대전에 참전하였습니다.

그는 1956년부터 1960년 까지 참모본부병기 체제평가 고문에 임명되었고, 1957년 하버드대학 국제문제 센터 부소장에 취임하였습니다. 그리고 1956년 '핵무기와 무기정책'을 발표하며, 대량보복 전략을 비판하여 많은 관심을 집중시켰습니다. 이후 '한정전쟁론'을 주창하였고, 1958년 하버드대학 방위연구 계획 주임에 임명되었습니다.

그는 1969년 닉슨대통령에게 발탁되어 안보담당 특별 보좌관에 임명되었고, 세계 여러 분쟁지역을 다니며 활발한 활동을 펼쳐 외교의 달인이란 별칭이 붙은 탁월한 외교행정가입니다.

그는 1973년 베트남 전쟁을 종식시키며 지겨운 전쟁에 종지부를 찍게 했습니다. 그 후 구무장관으로 발탁되어 세계평화에 기여하여 노벨평화상을 수상하였습니다.

헨리 키신저가 타국인 미국에서 크게 성공할 수 있었던 것은,

극한 상황에서도 두려워하지 않는 강인한 마인드를 가졌기 때문입니다.

그는 낯선 미국에서 살기 위해 갖은 고생을 하며 공부를 했지만, 늘 긍정적으로 생활하였습니다. 공부만이 그가 살 수 있는 유일한 길이었기에 시련 따위는 그에겐 아무것도 아니었습니다.

키신저는 마음이 약해질 때마다 자신이 해내지 못하면, 자신의 꿈을 이룰 수 없다고 스스로에게 굳게 다짐하였습니다. 그리고 최선을 다한 끝에 세계 최강인 미국의 국무장관에 올랐습니다. 시련과 역경이 오히려 그에겐 꿈을 이루는 힘이 되어주었던 것입니다.

■ 다니엘 바렌보임

(1942~　) 아르헨티나 출생. 지휘자이자 피아니스트.

지휘자이자 피아니스트인 바렌보임은 1942년 아르헨티나에서 태어났습니다. 부모가 모두 피아니스트여서 어릴 적 신동이란 소리를 들을 만큼 음악적 재능이 출중했습니다. 그 예로 그는 7살 때 베토벤 프로그램으로 독주회를 열어 천재적 가능성을 보여주었습니다.

바렌보임은 이스라엘로 이주하였고, 10세 때 이스라엘 재단 장학금으로 잘츠부르크 모차르테움 음악원에서 입학해 피아니스트의 꿈을 키워나갔습니다. 그는 이곳에서 피아니스트 에드윈 피셔에게 피아노를 배움과 동시에 당대 지휘자로 정평이 난 이고르 마르케비치로부터 지휘법을 배웠습니다.

그 후 그는 마에스트로 푸르트벵글러에게 인정받아 솔리스트로서 기용되어 음악인들을 놀라게 했습니다.

그는 1954년 파리로 유학하여 교수법의 일인자인 나디아 불랑제에게 사사하고, 그 이듬해 로마 성 체칠리아 음악원에서 카를로 체키에게 피아노와 지휘법을 사사했습니다.

그리고 1957년에는 레오폴드 스토코프스키가 지휘하는 '심포니 오브 디 에어'와의 협연을 통해, 정식으로 미국 음악무대에 데뷔하며 많은 사람들로부터 각광을 받았습니다.

그 후 그는 이스라엘 필하모닉과 런던 교향악단, 베를린 필하모닉, 뉴욕 필하모닉, 로스엔젤리스 필하모닉, 시카고 교향악단, 런던 필하모닉 등 세계 유수의 악단을 객원 지휘하였습니다.

바렌보임은 1975년 파리관현악단 4대 음악감독으로 취임해, 자신만의 오케스트라를 이끌며 자신의 능력을 유감없이 보여주었습니다.

바렌보임이 지휘자와 피아니스트로 성공할 수 있었던 것은 그의 천재적 재능에도 있지만, 그보다는 자신과의 싸움에서 이겼기 때문입니다. 그도 사람인지라 때때로 견딜 수 없을 만큼 힘든 일을 겪었습니다. 하지만 그는 절대 포기하거나 물러서지 않고 자신과 맞서 싸웠습니다. 그 또한 유대인의 피가 흐르는 사람이었습니다. 그는 유대인 특유의 강한 근성으로 자신을 이겨내고, 마침내 세계적인 마에스트로가 되었던 것입니다.

■ 알베르트 아인슈타인

(1879~1955) 20세기 최고의 물리학자. 스위스 국립공과대학 물리학과 졸업. 광양자가설, 브라운운동에 관한 기체론 적 연구, 특수상대성이론 발표 하며 세계 주목을 받음. 베를린 대학교수역임. 노벨물리학상 수상.

아인슈타인은 독일에서 태어났습니다. 큰 아버지로부터 대수와 기하학을 배웠습니다. 아인슈타인은 수학과 물리학에 뛰어난 재능을 보였지만 다른 과목은 그다지 우수하지 못했습니다. 그는 뛰어난 수학과 물리학의 재능으로 16세에 '운동체의 광학' 에

착안하였습니다. 그리고 21세 때 대학을 졸업하였습니다.

아인슈타인은 가정교사를 거처 물리학을 연구하였습니다. 그리고 베른 특허국의 기사가 되었습니다. 1905년 플랑크(M. K. E. L Planck)의 양자가설을 응용한 '광양자가설'과 분자물리학의 신생면을 개척한 '브라운 운동에 관한 기체론 적 연구', 특수상대성이론 등 세편의 논문을 발표했습니다. 1911년 보히미아의 프라하 대학, 1912년 취리히 공과대학 교수가 되었고, 1914년 베를린 대학에 초빙되었습니다. 그리고 카이저 빌헬름 협회 물리학 연구소 물리학부장, 베를린 학사원 회원이 되었습니다.

아인슈타인은 1915년 '일반상대성이론'을 완성했으며 이어 1917년 '상대적 우주론'을 발표하였습니다. 1921년 노벨물리학상을 수상하였으며 1929년에는 상대성 이론을 더욱 확장하여 만유인력 및 전자기력의 일체를 포함한 '장의 통일이론'을 발표하였습니다. 그의 연구는 불변의 진리라고 믿던 뉴턴의 물리학에 근본적 변혁을 가져옴으로써 20세기 이후의 최고의 물리학자가 되었습니다.

아인슈타인은 유대인으로서 유대민족주의와 시오니즘운동을 지지하고 평화주의자로 활약하였습니다. 그러다 히틀러가 정권을 잡자 1933년 나치스에게 추방되어 미국으로 건너가 프리스턴 고등연구소에서 연구에 전념하였습니다. 그리고 루스벨트 대통령에게 원자폭탄 제조의 필요성을 역설하여 2차 세계대전의 종식을 빠르게 했으며, 평화주의자로서 세계연방운동에 크게 기여하였습니다.

■ 지그문트 프로이트

(1856~1939) 오스트리아 출생. 오스트리아 정신과의사. 정신분석학의 창시자. 빈 대학 졸업. 빈 대학 교수 역임.

프로이트는 오스트리아에서 출생하였습니다. 빈 대학을 졸업하고 1902년 모교의 원외 교수가 되었습니다. 그리고 1920년 정교수가 되었습니다.

프로이트는 종합병원 신경임상가로서 명성을 얻었으나 신경증에 대한 무지를 통탄하고, 1885년 파리로 유학하여 샤르코 교수에게 배우면서 처음으로 히스테리를 관찰하였습니다. 1886년 귀국하여 빈에 신경병원을 개원하였습니다. 그리고 1895년 브로이어(J. Breuer)와 함께 '히스테리 연구'를 공동으로 간행하였습니다.

프로이트는 1900년에 '꿈의 해석(Die Traumdeutung)'을 발표하여 주목을 받기 시작하였습니다. 이후 그는 임상에 관한 많은 논문을 발표하고 1910년 '정신분석학'을 발표하였습니다.

그의 이론은 신경증의 영역을 넘어 널리 예술, 종교, 도덕, 문화의 제 문제에 적용되어 주지주위에의 도전, 권위주의의 부정 회의론에 조장, 성의 해방 등의 의미를 가지고 비합리주의 사상을 형성시켜, 모든 영역에 깊은 영향을 끼친 20세기 최고의 정신분석학의 대가입니다.

■ 카를 마르크스

(1818~1883) 독일 출생. 독일의 사회주의자. 국제노동자 운동 및 그 이론, 과학적 사회주의 창시자.

공산주의 창시자인 마르크스. 그는 프로이센의 라인 주 트로이에서 출생하였습니다. 유대인 변호사인 아버지를 둔덕에 비교적 유복하게 생활하였습니다. 그는 베를린의 각 대학에서 법학, 역사, 철학을 배웠습니다.

그는 1842년 '라인 신문' 주필이 되고, 1843년 '유대인 문제', '헤

겔 법철학 비판'을 발표하여 프롤레타리아 해방의 혁명적인 입장을 분명히 했습니다.

프로이트는 엥겔스와 친교를 맺고 부르주아적 사회주의적 비판을 통하여 과학적 사회주의 확립을 위해 노력했습니다. 그리고 1845년 '독일 이데올로기'를 쓰고, 1848년 엥겔스와 공동으로 '공산당 선언'을 집필하였습니다. 그는 또 1859년 '경제학 비판'을 저술하고, 1864년 '국제노동자 협회'를 창설하였습니다.

마르크스 학설은 독일 고전 철학, 영국의 고전 경제 철학, 프랑스 혁명 학설을 3원천으로 하고, 철학으로서는 변증법적 유물론 및 이것을 역사와 사회에 적용한 사적 유물론을 확립, 이 방법을 사용하여 자본주의 사회적 운동 법칙을 분명히 하는, 경제학과 사회주의를 지향하는 노동 계급의 계급투쟁의 이론 및 전술을 확립하였습니다.

마르크스가 인류사에 영원한 이름을 남길 수 있었던 것은, 개혁적인 진보적 마인드를 가졌기 때문입니다. 그의 진보적인 마인드는 그에게 큰 힘이 되었습니다. 그가 내세운 공산주의 이론은 매우 새롭고 혁명적인 학설이었습니다. 세계는 그의 새로운 학설에 깊은 관심을 보였고, 큰 영향을 끼치며 세계정치계 흐름을 바꾸어 놓았습니다. 그만큼 위력이 대단했던 것입니다.

마르크스는 공산주의 이론을 체계화 시킨 대표적인 진보주의 유대인입니다.

■ 벤저민 디즈레일리

(1804~1881) 영국 출생. 영국의 정치가, 문인.

영국 런던에서 태어나 17세 때 변호사 사무소에 제자로 들어갔으나 문학에 흥미를 가져 1826년 처녀작 '비비엔 그레이' 발표하였습니다. 이어서 풍자소설 '젊은 군주'을 발표하여 성공하였습니다.

1832년 정계에 들어가 급진당의 후보로 보궐 선거에 나가 낙선하였습니다. 이어 토리당원으로서 입후보 하였으나 역시 낙선하였습니다. 그 후 4차례나 더 낙선하였습니다. 그러나 좌절하지 않고 1837년 토리당원으로 입후보하여 하원의원에 당선하였습니다. 1941년에는 토리당 내에서 '청년 영국'을 조직 하였습니다.

1845년에는 토리민주주의를 논하고 1846년 산업자본가의 보수주의를 대표하는 필과 그의 곡물법 폐지에 반대 보호 무역주의의 지도자가 되었습니다. 그리고 필 내각을 실각케 하고 보수

당을 신시대에 적응케 하여 제1차, 제2차 다비 내각의 재무상을 지내고 이후 2차례 더 다비 내각의 재무상을 지냈습니다. 그 후 1868년 다비의 은퇴로 수상이 되었으나 같은 해 개정 후 최초의 총선거에서 패배하여 퇴진하였습니다. 그리고 1874년 선거에서 대승하여 제 2차 내각을 조직한 후 수에즈 운하를 400만 파운드에 매수하여 동방항로를 확보하였습니다.

이후 영국의 실력자로 많은 일을 하였지만 1880년 선거에서 패배 퇴진하였습니다. 그는 전형적인 제국주의적 정치가입니다.

제 2 부

·

지혜를 길러주는 이야기

17

자신의 일에 책임을
다하는 사람이 되자

똑같은 시간을 어떤 사람은 두 배로 가치 있게 쓰는 사람이 있는가 하면, 어떤 사람은 아무 쓸모없이 시간을 낭비합니다. 시간을 알차게 쓰는 사람은 시간의 중요성을 잘 알고 있지요. 시간은 한 자리에 머물지 않고 강물처럼 흘러간다는 것을. 그리고 시간을 허투루 한다는 것은 자신을 무가치하게 하는 일이라는 것도 잘 압니다. 그래서 시간을 알차게 쓰지요.

그러나 시간을 쓸 데 없이 낭비하는 사람은 시간의 중요성을 모릅니다. 시간이 언제나 자신 곁에 머물러 있는 줄 알지요. 그러니까 시간을 허투루 쓰는 것입니다. 이런 사람은 나중에 후회를 하지요. 자신이 어리석었다는 것을.

시간의 중요성을 잘 알게 하는 말 중 '시간은 금이다'라는 말이 있고, '시간은 날아가는 화살과 같다'라는 말도 있고, '시간은 흐르는 강물과 같다'라는 말이 있습니다.

그렇습니다. 시간의 중요성은 아무리 강조해도 부족합니다. 그만큼 시간은 중요하니까요. 시간은 어떻게 쓰느냐에 따라 금이 되기도 하고, 돌이 되기도 합니다. 그렇다면 문제는 간단합니다. 시간을 금이 되게 써야 합니다. 그것은 자신을 금과 같은 사람이 되게 하는 일이니까요.

어느 나라 국왕의 포도원에서 많은 일꾼들이 일을 하고 있었습니다. 그 일꾼 가운데는 다른 일꾼들보다 월등히 일을 잘 하는 한 일꾼이 있었습니다.

어느 날 포도원을 둘러보러 나온 왕의 눈에 그 일꾼의 모습이 들어왔습니다.

"오, 저토록 성실하게 일을 하다니. 여봐라, 저 일꾼을 데려오라."

왕의 명을 받은 신하가 일꾼을 데리고 왔습니다.

"자넨, 참으로 성실하고 부지런한 사람이구만."

"감사합니다. 대왕마마."

"아닐세. 진심으로 하는 말이네."

왕은 이렇게 말하며 일꾼과 포도원을 산책을 하였습니다. 유태인의 풍속엔 품삯을 그날그날 지불하는 전통이 있습니다. 그 날도 일이 끝나자 일꾼들은 품삯을 받기 위해 줄지어 섰고, 그들 모두는 똑같은 액수의 품삯을 받았습니다. 그러자 뛰어난 일꾼이 똑같은 품삯을 받는 것을 본 다른 일꾼이 따지며 말했습니다.

"저 사람은 겨우 두 시간 밖에 일하지 않고 나머지 시간은 대왕마마와 함께 산책만 했는데, 어째서 우리와 똑같은 액수의 품삯을 주는 겁니까? 이건 공평치 못한 일입니다."

이 말을 들은 왕이 말했습니다.

"이 사람은 너희들이 하루 종일 일한 것 보다 더 많은 양의 일을 두 시간 안에 해냈다. 오전 시간 동안 일을 했다고 해서 일을 많이 했다는 것은 잘못이다. 얼마의 시간을 일 했느냐가 중요한 것이 아니라, 얼마나 열심히 일을 했느냐가 더욱 중요한 것이다. 너희들은 이 사실을 알아야 한다. 알겠느냐?"

왕의 말을 들은 사람들은 더 이상 아무 말도 못하고 말았습니다. 그 말은 하나도 틀린 말이 아니었기 때문입니다.

"저는 그냥 제 나름대로 일한 것뿐인데 대왕마마께서 그렇게 말씀해 주시니 감사할 따름입니다."

부지런한 일꾼은 진심으로 감사해서 이렇게 말했습니다.

"아니다. 너의 충직한 마음이 너를 그렇게 만든 것이니라. 앞으로 나라를 위해 훌륭한 일을 해 다오."

"알겠습니다. 대왕마마. 제 한 몸 바쳐 대왕마마와 나라를 위해 힘껏 일하겠습니다."

왕의 말을 들은 일꾼은 환한 웃음을 지으며 그렇게 하겠다고 굳게 다짐하였습니다.

이 이야기는 시간을 알차게 쓴 사람과 시간을 허투루 쓴 사람들을 잘 보여주고 있습니다. 일을 열심히 하여 국왕으로부터 칭찬을 들은 일꾼은 두 시간만 일하고도, 하루 종일 일한 일꾼들과 같은 품삯을 받았지요. 다른 일꾼들은 불공평하다고 항의했지만, 국왕은 "얼마의 시간을 일 했느냐가 중요한 것이 아니라, 얼마나 열심히 일을 했느냐가 더욱 중요한 것이다. 너희들은 이 사실을 알아야 한다."고 말하며 꾸짖었지요.

여기서 중요한 것은 같은 시간도 어떤 사람은 두 배로 쓰고, 어떤 사람은 쓰는 둥 마는 둥 한다는 사실입니다. 시간을 두 배로 쓰는 사람은 절대로 잘못될 일이 없습니다. 시간은 시간을 잘 쓰는 사람에게는 그만한 대가를 선물합니다. 하지만 시간을 허투루 쓰는 사람은 미워해서 그가 바라는 대가를 절대 주지 않습니다.

지금 한 번 자신을 살펴보세요. 나는 시간을 알차게 잘 쓰는 사람인지, 아니면 허투루 쓰는 사람인지를. 시간을 알차게 잘 쓴다면 계속해서 시간을 잘 쓰기 바랍니다. 혹여, 시간을 허투루 쓴다면 반드시 고쳐야 합니다. 시간을 잘 써야 자신이 바라는 결과를 얻게 될 테니까요.

시간 보기를 다이아몬드처럼 보세요. 그러면 시간을 소중히 여기게 될 것입니다.

생각비타민

시간은 사람을 기다려주지 않습니다.

시간은 절대 멈추거나 뒤로 가지 않습니다.

시간은 앞만 보고 앞으로만 나아가는 고집쟁이입니다.

시간은 자신을 잘 쓰는 사람을 좋아해서

그런 사람에게는 좋은 결과로 보답하지요.

하지만 시간을 허투루 쓰는 사람은

좋아하지 않아 그가 바라는 것을 주지 않습니다.

시간은 다이아몬드보다 더 중요한 보석입니다.

시간을 어떻게 쓰느냐에 따라 자신은

다이몬드보다 더 좋은 '인생의 보석'이 될 수 있답니다.

18

배려하는 마음은
모두를 따뜻하게 한다

배려라는 말은 따뜻함을 품고 있습니다. 그 말 속에는 사랑이 샘물처럼 솟아나기 때문이지요. 그래서 배려심이 깊은 사람은 자신보다도 상대의 입장에서 생각하고 양보하는 것을 즐겨합니다.

그러나 배려심이 없는 사람은 오만 무지하고 자신만 생각할 줄 알지 다른 사람들에 대해서는 후안무치하기 짝이 없습니다. 배려하는 마음을 갖기 위해서는 다른 사람들을 이해하는 노력이 있어야 합니다. 그리고 남의 일을 자신의 입장에서 생각할 줄 아는 노력이 필요하지요. 이에 대해 고대 그리스 희극작가 메난드로스는 이렇게 말했습니다.

"마음을 자극하는 단 하나의 사랑의 명약, 그것은 진심에서 오는 배려다."

메난드로스의 말처럼 사람을 감동하게 하고, 포근하게 하는 것은 배려라는 걸 잘 알게 합니다. 배려는 사랑의 명약이기 때문이지요.

사람들과 잘 지내기 위해서는 배려는 필수 마인드입니다. 사람들은 배려 잘 하는 사람을 좋아하고 그를 믿고 신뢰하기 때문이지요. 특히, 친구들과 잘 지내기 위해서는 배려를 잘 해야 합니다. 배려는 나와 너, 우리 모두를 하나가 되게 하는 참 마음이니까요. 이에 대한 아름다운 이야기입니다.

한 남자가 자그마한 보트 한 척을 가지고 있었습니다.

그는 여름이 되면 가족들을 배에 태우고 호수로 나가 낚시를 하며 즐거운 시간을 보내곤 했습니다.

"얘들아, 재미있니?"

"네. 아빠! 무지무지 즐겁고 재미있었어요."

"당신은 어때요?"

"이번엔 아내에게 물었습니다. 저도 물론 즐겁고 재미있지요."

"그래요. 우리 행복한 시간을 보냅시다."

가족은 이렇게 말하며 시간 가는 줄 모르고 즐거운 시간을 보냈습니다.

여름 내내 즐거운 시간을 보내고, 여름이 지나자 보트를 뭍으로 끌어올렸습니다. 그때서야 그는 보트 밑바닥에 구멍이 뚫려 있다는 사실을 알게 되었습니다. 하지만 그것은 매우 작은 구멍이었고, 어차피 겨울 동안은 보트를 사용하지 않기 때문에 다시 사용하게 될 내년 여름에나 수리해야겠다고 생각하고는 그대로 내버려 두었습니다. 그리고는 겨울 동안 보트에 페인트 칠만 새로 부탁했습니다. 겨울이 지나고 봄이 지나고 여름이 되었습니다. 그의 두 아이는 어서 보트를 타고 호수로 나가고 싶어 했습니다.

"아빠! 빨리 보트 타러 가요! 네, 아빠!"

"지금은 안 돼, 아빠가 너무 바쁘거든."

"그러면 아빠, 우리 둘이 조심해서 탈 게요."

"그래? 알았다. 그럼, 조심해서 타야한다. 무슨 일 있으면 큰 소리를 쳐라."

"네, 아빠."

남자는 보트에 구멍이 나 있다는 사실을 까맣게 잊어버리고 두 아이에게 보트를 타도 좋다고 승낙했습니다. 그가 보트에 구멍이 뚫려 있다는 사실을 깨닫게 된 것은 이미 두 시간이 지난 뒤였습니다. 더구나 아이들은 수영을 잘 하지 못했습니다.

"이, 이를 어쩌지! 크, 큰일 났구나."

남자는 허둥거리며 밖으로 뛰어나갔습니다. 그리고는 호수를 향해 미친 듯이 달려갔습니다. 그런데 놀라운 일이 그의 눈에 들어왔습니다. 큰 일이 난 줄 알았던 두 아이가 보트를 뭍으로 끌어올리고 있었던 것입니다.

"오! 세상에 이런 일이 다 있다니!"

그도 그럴 것이 아이들이 죽은 줄로만 알았기 때문입니다. 그는 두 아이를 반갑게 끌어안고는 한동안 그대로 있었습니다. 영문을 모르는 아이들은 동그래진 눈으로 말했습니다.

"아빠, 갑자기 왜 그래요? 무슨 일 있어요?"

"아냐. 그대로 있어. 그냥, 아빠가 너희들을 안아주고 싶어서 그러는 거야."

그는 이렇게 말하며 아이들의 얼굴을 어루만졌습니다. 그리고 그는 보트 바닥을 살펴보았습니다. 그런데 구멍 난 밑바닥을 누군가가 수리를 해 놓았던 것입니다.

"이, 이럴 수가! 누가 수리 해 놓았지?"

그는 혼잣말로 중얼거렸습니다. 그는 지난겨울 보트에 페인트 칠을 했던 페인트 공이 생각났습니다. 그는 페인트 공을 찾아갔습니다. 그리고는 그에게 사례금을 내 놓았습니다.

"아니, 이게 무슨 돈입니까?"

아무것도 모르는 페인트 공은 의아한 얼굴로 말했습니다.

"사실 그 보트에 구멍이 나 있었는데 수리한다는 걸 깜빡 잊고 아이들에게 호수에서 보트 놀이를 하라고 했습니다. 그리고 두 시간 후 보트에 구멍이 뚫려 있다는 것이 생각나 아이들에게 큰 일이 났겠구나, 하고 달려가 보니 아, 글쎄 아이들은 멀쩡하고 보트 구멍도 수리가 돼 있지 뭡니까? 얼마나 감사하고 고맙던 지⋯⋯. 그래서 이렇게 찾아왔습니다. 그 보트를 본 사람은 나 외에 당신 밖에 없었으니까요."

"아, 그랬군요. 페인트칠하는 데 구멍이 나 있어 손 본 것뿐입니다. 그리고 이 돈은 받을 수 없습니다."

"아닙니다. 이것은 너무도 감사한 마음에서 드리는 것이니 받아주세요."

남자는 이렇게 말하며 머리 숙여 깊이 감사해 했습니다. 페인트 공 얼굴에도 기쁨의 꽃이 활짝 피어났습니다.

이 이야기 속의 페인트공은 남을 생각하고 배려하는 마음이 참 좋은 사람입니다. 그는 페인트 공으로 배에 페인트만 칠해주면 되는데도, 작은 구멍을 발견하고는 구멍까지 말끔히 수리를 해주었지요.

이 사실을 전혀 모르는 아이들의 아버지는 뒤늦게야 보트에 구멍이 났다는 사실을 기억하고 혹시라도 아이들에게 무슨 일이라도 있을까 걱정이 되어 달려갔지만, 자신의 걱정과는 달리 아이들이 무사한 걸 알고는 크게 감사했지요. 그리고 페인트 공에 대한 고마운 마음을 전했지요.

아무리 조그만 선행을 베풀어도 그것이 다른 사람에게 얼마나 큰 도움이 될지를 상상하기란 참 어렵습니다. 왜냐하면 작은 일엔 아무도 관심을 기울이려고 하지 않기 때문입니다.

작은 일에 관심을 갖고 그 일을 했을 때, 그 일로 인해 자기가 모르는 사람들이 큰 도움을 받는다는 것을 꼭 기억하기 바랍니다. 작은 배려와 친절도 사랑과 관심에서 오는 것이니까요.

생각비타민

사람들과 좋은 관계를
유지하기 위해서는
배려하는 마음이 뛰어나야 합니다.
사람은 그가 누구든 따뜻한 관심을 갖고
자신을 대해주는 사람을 좋아하니까요.
배려를 잘 하기 위해서는
상대방의 입장에서 생각하고,
이해하고, 양보하는 마음이 좋아야합니다.
이를 한마디로 말하면 사랑과 관심이지요.
늘 사랑하는 마음을 간직하기 바랍니다.

19

협력해서 선을
이루는 마음 기르기

사람은 아무리 잘 나고 똑똑해도 혼자서는 절대 살 수 없습니다. 살아가는데 있어 다른 사람의 도움이 필요할 때가 많기 때문입니다. 그런 까닭에 사람은 서로 도우며 살아야 하는 것입니다. 서로 힘을 모으면 아무리 불가능해 보이는 일도 능히 해결할 수 있기 때문이지요.

그럼 왜 인간은 서로 도우며 살아야할까요. 인간은 사회성이 강한 동물이기 때문입니다. 이에 대해 고대 그리스 철학자 아리스토텔레스는 다음과 같이 말했습니다.

"인간은 사회적동물이다."

아리스토텔레스의 말처럼 사회성이 좋은 동물은 여럿이 함께할 때 더 좋은 결과를 얻는다는 걸 본능적으로 잘 알고 있습니다. 그래서 사회성이 좋은 동물은 혼자서 하기 어려운 일도 힘을 모아 척척 해내는 것이지요. 사람은 사회성이 아주 뛰어난 동물이기에 협력해서 하는 일을 잘 합니다.

사람 다음으로 사회성이 뛰어난 동물로는 백수왕 사자와 늑대와 같은 개과 동물이지요. 특히 사자는 각 개체마다 뛰어난 힘을 갖고 있지만 힘을 모을 땐 코끼리와 하마, 코뿔소 같은 동물을 비롯해 그 어떤 동물도 다 굴복시킬 만큼 강하답니다.

이렇듯 사람이든 동물이든 사회성이 뛰어나야 그 어떤 어려움도 능히 이겨내고 바라는 것들을 이루게 됨으로써 행복한 삶을 살아가는 것입니다.

자신이 혼자하기 어려운 것은 친구들과 함께 하도록 힘을 모으세요. 그러면 얼마든지 할 수 있습니다. 협력해서 선을 이루는 일은 아주 아름답고 행복한 일이지요. 다음 이야기는 왜 협력하면 좋은 지를 잘 알게 합니다.

어떤 땅이 있었습니다.

두 명의 랍비가 그 땅을 서로 사려고 했습니다.

첫 번째 랍비가 땅 값을 놓고 흥정을 벌였습니다. 그 틈을 타 두 번째 랍비가 그 땅을 모두 사 버렸습니다.

"순리를 무시하고 저렇게 한다는 것은, 사람으로서는 할 짓이 못 되지."

첫 번째 랍비가 화가 나서 말했습니다.

그 일이 있고나서 어떤 사람이 두 번째 랍비에게 가서 물었습니다.

"한 남자가 과자를 사기위해 과자가게에 갔는데 이미 와 있던 다른 남자가 과자의 질을 알아보고 있었습니다. 그러던 중 뒤에 온 사람이 그 과자를 모두 사버렸습니다. 그런 경우 그 뒤에 온 사람을 어떻게 생각해야 할까요?"

"그 나중에 온 사람은 분명히 나쁜 사람이오."

두 번째 랍비가 이렇게 말했습니다. 그러자 그 남자가 말했습니다.

"당신이 지금 이 땅을 산 행위는 방금 이야기 했던, 나중에 와서 과자를 사버린 두 번째 남자와 똑같은 짓입니다. 다른 랍비가 먼저 와 땅의 가격을 흥정하고 있는 중이었는데 그 땅을 몰래 사 버린 당신의 행위는 괜찮은 일입니까?"

그러자 이 일을 어떻게 해결하면 좋을까 하는 문제가 생겼습니다. 그래서 남자가 말했습니다.

"당신께서 첫 번째 랍비에게 그 땅을 되파는 것입니다."

"나는 그렇게는 할 순 없소. 사자마자 곧 바로 되판다는 것은 불길한 일이니까요."

두 번째 랍비는 불쾌한 얼굴로 말했습니다.

"그럼, 그 땅을 첫 번째 랍비에게 선물하면 어떨까요?"

두 번째 랍비가 남자의 얘기를 듣고 첫 번째 랍비에게 땅을 선물 하겠다고 하자, 첫 번째 랍비가 그 땅을 그냥 선물로 받을 수 없다고 했습니다.

그래서 두 번째 랍비는 곰곰이 생각한 끝에 그 땅을 학교에 기부하였습니다.

남의 순서를 가로채고 자신이 그 앞에 선다는 것은 아주 나쁜 일입니다. 그것은 남의 일을 가로채는 것과 같기 때문입니다. 그리고 그 일로 인해 서로가 불편한 관계가 될 수 있을 테니까요.

이 글에 나오는 두 번째 랍비는 첫 번째 랍비가 흥정을 하는 사이 순서를 무시하고 땅을 사버렸지요. 첫 번째 랍비는 화가 나서 두 번째 랍비에게 따져 물었지요.

그런데 어떤 사람의 조언을 듣고 두 번째 랍비가 자신이 산 땅을 첫 번째 랍비에게 선물하겠다고 말했지만, 첫 번째 랍비는 그냥 선물로 받을 수 없다고 말했지요. 그러자 두 번째 랍비는 고심한 끝에 땅을 학교에 기부하였지요.

여기서 중요한 사실은 땅을 그냥 주겠다는 두 번째 랍비와 그것을 그냥 받을 수 없다고 말한 첫 번째 랍비와의 관계입니다. 이 두 랍비는 서로 다른 생각을 했지만 결과적으로는 협력해서 선을 이룬 결과가 되었지요.

이처럼 협력해서 선을 이룬다는 것은 참 좋은 일이지요. 그것은 모두를 행복하게 하는 일이니까요.

그렇습니다. 어떤 일이 있을 땐 주변 사람들과 힘을 모아 해결하는 것이야말로 선을 이루는 아름다운 일이라는 걸 꼭 마음에 새겨 실천하기 바랍니다.

생각비타민

협력해서 선을 이루는 행위는

참 지혜롭고 아름답지요.

아무리 할 수 없을 것 같은 일도

힘을 모으면 쉽게 해 낼 수 있으니까요.

협력하기 위해서는

자신의 생각만 해서는 안 됩니다.

자신의 의견과 상대방의 의견이

하나가 될 수 있도록 노력해야 합니다.

그래야 선을 이룸으로써

좋은 결과를 낳게 되는 것이니까요.

20

쓸 데 없는 걱정은
아무 도움이 되지 않는다

'기우'라는 말이 있지요. 이 말은 '쓸 데 없이 하는 걱정'을 의미
하지요. 이 말이 생긴 데에는 아주 재미있는 일이 있지요. 고대
중국 기 나라에 어떤 사람이 있었는데, 이 사람은 늘 '하늘이 무
너지면 어떻게 하지, 땅이 꺼지면 어떡하지'라며 걱정을 사서 했
지요. 그러다 급기야는 식음을 전폐하고 자리에 누웠다는 고사
에서 유래한 말이 바로 기우랍니다.

이처럼 쓸 데 없는 걱정은 그 무슨 일을 하는데 전혀 도움이 안
되지요. 도리어 몸과 마음만 병나게 하는 비생산적인 일이지요.

걱정하는 일이 실제에 일어나는 확률이 얼마나 되는지에 대해 연구한 보고서에 의하면 90%는 일어나지 않았다고 합니다.

그런데 사람들 중엔 쓸 데 없이 사서 걱정을 하곤 합니다. 이는 10대들도 마찬가지지요. 시험 볼 날이 다가오면 공연히 걱정을 많이 하곤 하지요. 물론 그럴 수 있어요.

그런데 어떤 10대들은 너무 걱정이 지나쳐 밥도 제대로 못 먹곤 합니다. 이는 자신의 몸만 축내는 일이지요. 시험 성적에도 아무런 도움이 안 된답니다. 걱정대신 그만큼 더 공부에 집중하는 것이 현명한 방법이지요.

이는 시험에서 뿐만 아니라 그 어떤 일에 있어서도 마찬가지입니다. 걱정을 안 하는 것이 걱정을 이기는 겁니다. 이에 대한 이야기입니다.

이 세상에 쇠가 처음 만들어졌을 때 일입니다. '쇠가 만들어졌다'는 소식을 듣고 세상에 있는 나무들이 두려운 얼굴로 말했습니다.

"이거 큰일 났네. 쇠붙이가 생겼다는 것은 우리에겐 참으로 위험한 일인데."

참나무가 얼굴을 잔뜩 찌푸리며 말했습니다.

"그래 맞아. 쇠로 톱을 만들고, 도끼를 만들고, 낫을 만들고, 칼을 만든다면 우리 몸이 남아나지 않고 잘려 나갈 거야."

소나무가 우는 얼굴이 되어 말했습니다.

"이제 우리 어떡하면 좋지? 난 걱정 때문에 입맛도 없고 잠도 잘 안 와."

자작나무가 몸을 부르르 떨며 말했습니다.

"왜 하필이면 쇠가 만들어져 가지고 이렇게 우리를 공포에 떨게 만들지. 이제 어쩌면 좋지?"

키 큰 미루나무가 커다란 몸을 흔들며 말했습니다.

"이제 우리 어떡하지?"

"그러게 말 야. 이젠 우린 다 죽은 목숨이야."

나무들은 이렇게 말을 주고받으며 어쩔 줄 몰라 했습니다. 그리고 개중에는 "엉엉" 우는 나무들도 있었습니다.

나무들의 모습을 가만히 지켜보고 있던 하나님이 빙그레 웃으며 말했습니다.

"그렇게 쇠가 무서우냐?"

"네, 하나님, 너무 무섭습니다."

자작나무가 말했습니다.

"그러나 걱정하지 말거라. 쇠는 너희들이 자루를 제공하지 않으면 너희들을 결코 해칠 수 없단다."

"그게 저, 정말이세요? 하나님?"

참나무는 너무 좋은 나머지 펄쩍 뛰면서 말했습니다.

"그렇단다. 그러니 걱정하지 말고 맘 편히 지내거라."

"가, 감사합니다. 하나님."

"정말 고맙습니다."

나무들은 기쁜 얼굴로 고개 숙여 저마다 하나님께 감사의 인사를 했습니다.

이 글에 나오는 나무들은 미리부터 겁을 먹고 걱정에 휩싸여 있습니다. 쇠가 자신들을 다 베어낼 거라는 생각에서지요. 참으로 어리석은 일이 아닐 수 없지요. 정작 쇠는 가만히 있는데, 자기들 끼리 걱정을 사서 하니까요.

그 모습을 보고 하나님이 걱정하는 일은 없을 거라고 말합니다. 그러자 나무들은 그제야 안심하지요.

나무들의 걱정을 단번에 해결해준 하나님은 참 사랑이 많고 고마우시지요.

걱정을 해결한 나무들의 모습에서 걱정이 얼마나 비생산적인 일인지를 잘 알게 합니다.

그렇습니다. 미리 사서하는 걱정은 자신에게나 남에게나 결코 도움이 되지 않는 행위입니다. 평안한 마음으로 자신의 일을 열심히 하는 것이 걱정을 이기는 현명한 생각이랍니다.

10대인 여러분들은 스스로에게 당당해지세요. 그리고 걱정하는 대신 자신이 하는 일에 대해 최선을 다하기 바랍니다. 그러면 걱정도 이기고 좋은 결과를 얻게 될 것입니다.

생각비타민

걱정은 백해무익한 것입니다.

그 무슨 일에도

전혀 도움이 되지 않기 때문이지요.

걱정을 이기는 가장 좋은 방법은

걱정을 무시하는 겁니다.

그러면 걱정이 저 멀리 사라지고 맙니다.

그 대신 걱정하는 일을 더 열심히 하는 것입니다.

그것이 공부든 친구관계든

그 무엇이든 다 마찬가집니다.

그러면 걱정도 이기고

좋은 결과도 얻게 될 테니까요.

21

말은 신중하고
조심해서 하기

어느 날 길을 가다 깜짝 놀란 일이 있습니다. 여중생이 큰 소리로 통화를 하는데 반은 욕설과 상소리였지요. 얘기하는 거로 봐서는 통화상대가 친구인 듯 했습니다. 더구나 많은 사람들이 오가는 길에서 욕설 섞인 통화를 한다는 것은 참 부끄러운 일이지요. 그것은 자신의 품성을 그대로 드러내는 일이니까요.

언제가 신문기사에서 본 적이 있는데, 요즘 초등학생들 간엔 욕을 하는 어린이가 인기가 있다는 내용이었습니다. 욕이 색다르고 거칠면 거칠수록 친구들 사이에 인기가 있어, 색다르고 새로운 욕을 찾기 위해 인터넷을 샅샅이 살핀다고 합니다.

그 기사를 보고 나는 매우 심각함을 느꼈지요. 욕과 상스런 말을 잘 하는 어린이가 인기가 있다는 것은 보통일이 아니니까요.

말은 자신의 생각을 전하는 중요한 수단이지요. 그래서 말을 어떻게 하느냐에 따라 자신을 상대방에게 좋게 인식시키기도 하고 나쁘게 인식시키기도 하지요. 말 속엔 그 사람의 성품, 교양, 배움, 예의 등이 들어있습니다. 그런 까닭에 말은 신중하게 잘 해야 돼요. 말을 잘못하면 자신을 잘못되게도 할 수 있으니까요.

그렇습니다. '구시화문'이라는 말이 있습니다. '입은 재앙의 문'이라는 뜻으로 말을 잘못하면 재앙이 될 만큼 무서운 것이 말인 것입니다. 그래서 말을 할 땐 조심스럽고 신중하게 잘 가려해야 합니다. 잘 한 말은 자신을 잘 되게 하는 빛과 소금이 되어준답니다.

한 랍비가 있었습니다.

어느 날 랍비는 하인을 시켜 아무리 비싸더라도 가장 맛있는 것으로 사오라고 시켰습니다.

"주인님, 주인님께서 말씀하시는 것은 어떤 것이라도 상관이 없습니까?"

"그래. 그러니 맛만 있으면 된다. 맛있는 걸로 사 오너라."

"네, 잘 알겠습니다."

하인은 시장으로 부리나케 갔습니다. 무엇을 살까 이리저리 궁리를 하다 혀를 사 가지고 돌아왔습니다.

"주인님, 여기 있습니다."

하인은 혀를 내 놓으며 말했습니다.

"오, 그래. 네가 사 온 것이 혀란 말이냐?"

"네, 주인님."

"오냐, 수고했다."

이틀 뒤 랍비는 또 하인에게 심부름을 시켰습니다.

"오늘은 맛이 없더라도 값싼 것을 사 오너라."

"네, 주인님."

하인은 이번에도 이리저리 궁리를 하다 혀를 사 가지고 왔습니다. 랍비는 하인을 넌지시 바라보며 말했습니다.

"너는 내가 비싸더라도 맛있는 음식을 사 오라고 했을 때에도 혀를 사왔고, 맛은 상관없으니 값싼 음식을 사 오라고 이른 오늘도 혀를 사 가지고 왔으니, 대체 그 까닭이 무엇이냐?"

"혀가 좋을 때는 한 없이 좋지만, 나쁠 때는 그 보다 더 나쁜 것은 그 어디에도 없기 때문입니다."

하인은 아무 주저 없이 자신의 생각을 말했습니다. 그러자 랍비는 고개를 끄덕이며 하인을 보고 웃으며 말했습니다.

"오, 그래. 그럴 수도 있겠구나. 과연 현명한 생각이로구나."

"주인님, 칭찬해 주셔서 감사합니다.

하인은 활짝 웃으며 말했습니다.

우리 입안의 '혀'라는 기관은 신체 중에서 작은 기관에 불과 하지만, 사람의 생각을 말하게 하고, 상대방과 말을 주고받게 하는 역할을 합니다. 혀가 없으면 말을 하고 싶어도 말을 할 수가 없답니다. 이는 혀가 사람에게 있어 그만큼 중요하다는 것이지요.

이는 〈혀〉라는 이야기지만 이 이야기가 뜻하는 것은 말입니다. 혀 즉, 말을 어떻게 하느냐에 따라 그 사람의 인생은 얼마든지 달라질 수 있습니다. 그래서 말은 잘 해야 합니다. 실제로 성공한 사람들 중엔 말 한마디로 상대방을 감동시켜 잘 된 사람들이 많습니다.

미국의 탁월한 자기계발 동기부여가 이자 명저《생각하라, 그러면 부자가 되리라》저자인 나폴레온 힐은 청년 시절엔 평범한 젊은이에 불과했습니다. 글쓰기를 좋아했던 그는 지역의 여러 신문과 잡지사에 글을 기고하면서 작가의 꿈을 키웠지요. 그러는 가운데 그는 변호사가 되기 위해 대학에 입학하였지만, 학비와 생계를 위해 잡지사의 기자가 되었습니다. 그는 자신의 일에 열정을 갖고 열심히 발품을 팔며 새로운 기사거리를 찾아다녔습니다.

그러던 어느 날 세계 최고 부자인 앤드류 카네기를 취재하게 되었지요. 그는 부자가 되는 책을 써보라는 카네기의 제안에 흔쾌히 받아들여 카네기의 마음을 얻고 연구한 끝에 성공할 수 있었지요.

그렇습니다. 말 한마디는 자신을 성공하게도 하고, 잘못되게도 합니다. 한창 꿈을 키우는 우리 10대들은 긍정적이고 희망적인 말로 자신의 꿈을 펼치기 바랍니다. 그러면 반드시 자신의 꿈을 이루게 될 것입니다.

생각비타민

상대방을 감동시키는 말은
금은보화가 되게 합니다.
그래서 한 마디 말도 기분 좋게 하고
긍정적이고 희망적으로 해야 하는 것입니다.
그러나 잘 못한 말은
자신을 잘못되게 할 수도 있습니다.
그렇습니다.
말은 자산과도 같습니다.
잘한 말은 자신을 성공한 사람이 되게
한다는 것을 가슴에 새겨 실천하기 바랍니다.

22

선을 행하고
악은 멀리하기

맹자는 사람은 태어나면서 선하다는 '성선설'을 주장하였습니다. 반대로 순자는 사람은 태어나면서부터 악하다는 '성악설'을 주장하였지요. 둘 다 맞는 말이기도 하고, 둘 다 틀린 말이기도 합니다. 사람은 선한 마음과 악한 마음, 둘 다 품고 있기 때문이니까요.

그렇습니다. 그런 까닭에 선이 있는 곳엔 항상 악도 함께 하는 것입니다. 그럼 선과 악은 어떻게 작용하는 걸까요. 그것은 선한 마음이 강하게 작용하면 선을 행하고, 악한 마음이 더 강하게 작용하면 악을 행하게 됩니다. 다행히도 사람에겐 이성이라는 품성이 있습니다. 이성이란 사람이 순행하는 도리 즉 옳고 그름을 판단하게 하는 것을 뜻하는 것으로 이성적으로 강하면 선을 행하게 하고 악을 멀리하게 하지요.

그러나 이성적이지 못하면 악을 행하게 되는 것입니다.

그럼 왜 선을 행하고 악은 멀리해야하는 걸까요. 선은 인간이라면 당연히 행해야할 마인드로써, 선을 행하면 즐거워지고 자신을 행복하게 하지요. 그리고 보람을 얻게 됨으로써 자신을 잘되게 합니다. 하지만 악을 행하면 마음이 불안하고 난폭해지지요. 또 죄에 빠짐으로써 자신을 불행하게 하지요.

선을 행하면 자신도 행복하고 상대도 행복해집니다. 반면에 악을 행하면 자신도 불행하고 상대도 불행해 지지요. 다음은 선과 악에 대한 이야기입니다.

지구가 생겨난 이래 큰 홍수가 있었습니다. 이 홍수는 보통 홍수가 아니라 전 세계를 삼켜버린 무시무시한 홍수입니다.

홍수가 나기 전에 있었던 일입니다.

많은 동물들이 노아의 방주로 몰려와서 소리쳤습니다.

"노아님, 우리를 방주에 태워 주세요. 네, 노아님."

"그래. 암수 한 쌍만 타거라."

노아의 말을 들은 동물들은 하나둘씩 방주에 올랐습니다. 그때 선도 황급히 뛰어왔습니다.

"노아님, 저도 태워 주세요, 네?"

"그건 안 된다."

"왜요? 왜 안 되지요?"

"나는 무엇이든 짝이 있는 것만 태우고 있단다. 그러나 너는 너혼자 왔기 때문에 태울 수 없단다. 미안하구나."

노아의 말을 들은 선은 숲으로 달려갔습니다. 숲으로 온 선은 자신의 짝이 되어 줄 상대를 찾으러 여기저기로 숨 가쁘게 뛰어다녔습니다.

"누가 나하고 짝이 되어 줄래요?"

선은 큰 소리로 외쳤습니다. 그때 악이 다가와서 말했습니다.

"내가 짝이 되면 안 될까요?"

"당신이요? 근데 당신은 누구죠?"

"난, 악이라고 합니다."

"악이요?"

"네."

"알았어요. 우리 함께 짝이 되기로 해요."

선과 악은 손을 꼬옥 잡고 노아의 방주로 달려갔습니다. 노아는 선과 악을 방주에 태워주었습니다.

그로부터 선이 있는 곳에는 항상 악이 따라다니게 되었답니다.

이는 〈선과 악〉이라는 이야기로 선과 악이 왜 함께 존재하는지를 잘 알게 합니다. 선만 있으면 얼마나 좋을까요. 그런데 그렇지 않은 게 세상입니다. 하지만 문제 될 건 없습니다. 악이 아무리 휘몰아친다 해도 선이 더 강하게 작용하면 얼마든지 악을 물릴 칠 수 있으니까요. 선행을 베푸는 것은 악이 멀리 하는 아름다운 행위이지요. 또 그것은 스스로를 위해 아주 복되고 가치 있는 일입니다. 이에 대해 벤저민 프랭클린은 이렇게 말했습니다.

"남에게 선행을 베풀 때 그 사람은 스스로에게 최선을 다하고 있는 것이다."

프랭클린의 말처럼 선행은 곧 자신을 위한 일인 것이다. 그러기 때문에 선을 많이 행하면 행할수록 자신을 복되게 하고, 악이 가까이 오는 것을 막아낼 수 있는 것입니다.

요즘 언론에는 학교폭력에 대한 기사를 자주 나옵니다. 학창시절 폭력을 행사한 가해자가 성인이 되어 유명 연예인이 되고 유명 프로선수가 되고, 각처에서 촉망받는 사람으로 살아가고 있지만, 이들에게 당한 학교폭력 피해자는 학창시절 입은 마음의 상처를 안고 살아가던 중 학교폭력 가해자들을 SNS를 통해 알림으로써 가해자들은 자신들이 그동안 공들여 쌓은 자리에서 스스로 또는 여론에 떠밀려 내려옵니다. 철없이 저질렀던 학교폭력이 단순한 행위가 아니라 피해자들에겐 꿈에서도 생각하고 싶지 않을 만큼 얼마나 부도덕한 일인지를 잘 알아야 합니다.

학교폭력은 악행입니다. 그것은 같은 친구로서, 또 선후배로서 하면 안 되는 일입니다. 이는 서로를 불행하게 하는 일이니까요.

그렇습니다. 학교폭력은 물론 그 어떤 악행도 멀리하고 선을 행하는 10대가 되세요. 그래서 모두가 자신이 하는 일을 기쁘고 행복하게 하기 바랍니다.

생각비타민

선은 만 가지 행복의 근본이자 기쁨이며,
악은 만 가지 불행의 근원이며 슬픔입니다.
선을 행하는 것은 스스로를 복되게 하는 일이며
모두를 행복하게 하는 일이지만,
악을 행하는 것은 스스로를 불행하게 하는 일이자
죄의 사슬에 매이는 일입니다.
선을 행하되 악을 멀리하기 바랍니다.

23

함께 하는
삶이 아름답다

자주 그리고 많이 웃는 것.

현명한 삶들로부터 존경 받는 것.

아이들의 호감을 사는 것.

솔직한 비평가들의 인정을 받는 것.

미덥지 못한 친구들의 배반을 참아내는 것.

아름다움을 식별할 줄 아는 것.

다른 사람에게서 최선의 것을 발견하는 것.

건강한 아이를 낳든

한 뙈기의 정원을 가꾸든,

사회 환경을 개선하든 간에

세상을, 자기가 태어나기 전보다

조금이라도 더 살기 좋은 곳으로 만드는 것.

자신이 살았었기에

단 한 사람이라도 좀 더 마음 놓고 살아간다는 사실을 아는 것.

이것이 성공이다.

이는 미국의 사상가이자 시인인 랠프 왈도 에머슨의 〈성공이란〉 시입니다. 이 시에서 진정한 성공은 자신이 무엇이 되었든 '세상을, 자기가 태어나기 전보다/ 조금이라도 더 살기 좋은 곳으로 만드는 것.// 자신이 살았었기에/ 단 한 사람이라도 좀 더 마음 놓고 살아간다는 사실을 아는 것.'이라고 말합니다.

이는 무엇을 의미할까요. 모두가 행복하게 사는 일에 자신이 힘을 보태는 것, 즉 함께 하는 삶을 뜻하지요. 함께 하는 삶의 교과서라고 할 수 있는 대표적인 사람으로 몇 사람을 꼽자면 마더 테레사 수녀, 알베르트 슈바이처, 앤드류 카네기, 존 데이비슨 록 펠러 등을 들 수 있지요. 이들은 모두가 행복하게 사는 세상을 위해 자신의 재능과 물질을 아낌없이 후원하며 큰 감동을 주었지요.

이처럼 함께 하는 삶은 참 아름답습니다. 다음은 왜 함께 하는 삶이 진정 진실한 삶인지를 잘 알게 하는 이야기입니다.

국민들로부터 존경을 한 몸에 받는 훌륭한 랍비가 있었습니다. 그는 인자하고 미우 자애로운 사람이었습니다. 또 섬세한 감정을 가진데다 하나님을 공경하는 사람이었습니다. 그리고 개미 한 마리라도 함부로 죽이지 않고, 나무 한 그루, 풀 한 포기도 아끼는 사람이었습니다.

세월이 지나 80세가 넘은 랍비는 몸도 많이 약해지고, 눈도 어두워져 곧 죽을 때가 가까워졌다는 것을 어렴풋이 느꼈습니다. 제자들이 누워있는 그의 주변에 모여들자 랍비는 울기 시작하였습니다.

"스승님, 무슨 일이 있으신지요?"

수제자가 놀란 듯이 말했습니다. 랍비가 대답 없이 계속 울자 또다시 제자가 말했습니다.

"스승님께선 공부하는 것을 잊은 날이 하루라도 있었습니까? 깜빡 잊고 가르치지 않은 날이 있었습니까? 스승님은 이 나라에서 가장 존경받는 훌륭한 분이십니다. 하나님을 가장 공경하는 분도 바로 스승님이십니다. 게다가 정치와 같이 더럽혀진 곳엔 발조차 들여놓으신 적도 없잖습니까? 이런 스승님께서 이토록 서럽게 우시는 이유가 무엇인지 정말이지 저희는 알 도리가 없습니다."

이 말을 듣고 더 큰 소리로 울고 나서 랍비가 말했습니다.

"바로 그 이유 때문이란다. 죽는 순간에 하나님께서 '너는 공부했느냐? 너는 기도 했느냐? 너는 자선을 베풀었느냐? 너는 바른 행실을 했느냐?' 고 묻는다면 나는 모든 질문에 '네.'하고 대답할 수가 있다. 그러나 인간 사회에 끼어들어 생활했는가를 묻는다면 '아니오.'라고 대답할 수밖에 없다. 그래서 우는 것이다."

"네, 스승님. 스승님의 깊은 뜻을 잘 알겠습니다. 저희는 스승님의 깊은 뜻을 받들어 사람들 속에서 그 사람들의 행복과 진실한 삶을 위해 열심히 노력하며 살겠습니다."

제자들은 스승의 얘기를 듣고 이렇게 말하며 존경을 표했습니다.

이 이야기 속의 랍비는 학문이 뛰어나고, 바른 행실로써 다른 사람의 본이 되게 했으며, 늘 기도함으로써 몸과 마음을 정결히 하였습니다. 하지만 사람들과 함께 하지 못한 것에 대해 울면서 후회하지요. 랍비의 행동에서 개인적으로 아무리 큰 성공을 했다고 해도 사람들과 어울려 살지 않았다는 것은, 그만큼 의미가 떨어진다는 것을 잘 알게 합니다.

그러나 개인적으로 크게 성공하지 못했어도, 또는 비록 가난할지라도 어려운 사람들을 위해 또는 사람들과 함께 살면서 좋은 세상을 만들기 위해 노력하는 것은 참 된 삶이라고 말할 수 있습니다.

그렇습니다. 자신이 이룬 성공이나 업적을 적극적으로 사람들과 함께 나누고 더불어 사는 삶은 더 값지고 소중한 삶이랍니다. 나의 능력과 재능을 사회를 위해 나누고 함께 하는 사람이 되어야 하겠습니다.

생각비타민

자신이 잘 되는 것은
개인적으로는 참 기쁘고 행복한 일이지요.
하지만 더 큰 즐거움과 행복은
자신이 이룬 것을 함께 나누는 것입니다.
그리고 사람들과 더불어
살아가는 일에 동참하는 것이지요.
이타적인 나눔의 삶이야말로 자신과 모두를 위해
반드시 필요한 삶이기 때문입니다.

24

감사하는
마음으로 살아가기

긍정적인 사람은 매사를 감사하게 생각하지요.

"오늘도 먹을 수 있어 감사합니다."

"내가 원하는 것을 배울 수 있어 참 감사합니다."

"좋은 부모님의 자식이 된 것을 감사합니다."

이 세 가지 말을 보면 하나같이 긍정의 에너지가 넘쳐난다는 것을 알 수 있습니다. 감사는 긍정적인 마인드에서 오기 때문이지요.

"왜 나는 머리가 나쁠까? 나는 불행을 위해 태어난 게 분명해."

"아이 재수 없어. 그 친구를 만나지만 않았어도 나는 이렇게 되지는 않았을 거야."

"나는 어째서 가난한 부모님을 두었을까. 아, 나는 지지리도 복이 없는 존재인가 보다. 이럴 거면 태어나지나 말걸."

이 세 가지 말을 보면 하나같이 부정적입니다. 말만 들어도 기분이 좋지 않지요. 이런 부정적인 마인드로는 그 어떤 것도 제대로 할 수 없습니다. 그래서 부정적인 마인드를 가진 사람은 감사할 줄을 모릅니다. 부정적인 마인드는 감사해 하는 마음을 막아 버리기 때문입니다.

자신이 잘 되고 싶다면 감사한 마음을 갖고 살아야 합니다.

"감사하기를 실천한 사람들은 특별한 자기만의 목표를 성취했을 뿐만 아니라, 행복한 삶을 만끽하고 있다. 그래서 그들에게는 남다른 비법이 있을 것 같지만 사실은 그렇지 않다. 다만 그들이 남과 다른 것은 감사함을 깨달았다는 것뿐이다. 더불어 그들은 그 비법을 감추려고 하지도 않는다. 공공연하게 말하고 다녀서 귀가 따가울 정도다."

이는《감사의 힘》의 저자인 데보라 노빌이 한 말입니다.

데보라 말에서 보듯 감사함을 실천한다는 것은 매우 중요하지요. 감사함을 실천하다보면 긍정의 에너지가 넘쳐나 하는 일마다 즐겁습니다. 그러니 어떻게 일이 잘 되지 않을 수 있을까요.

다음 이야기는 감사하며 살아야 하는 이유를 잘 알게 합니다.

매우 오랜 기간 동안 여행을 하는 사람이 있었습니다. 그는 피로와 굶주림에 지치고 목이 타는 갈증으로 아주 괴로워했습니다. 그러던 중 나무가 우거진 곳을 발견하였습니다.

"와! 나무숲이다! 저, 저곳엔 물, 물이 있겠지."

여행자는 나무숲이 있는 곳엔 물이 있다는 것과 시원한 그늘 아래서 쉴 수 있다는 생각에 환호성을 질렀습니다. 그는 나무숲에 도착하자마자 정신없이 물을 마셔댔습니다.

"아, 시원하다. 시원해! 이렇게 물이 시원하고 맛있을 줄이야."

시원한 물이 목구멍을 타고 내려가자 갈증이 싹 가셨습니다. 그는 휴식을 취하며 잘 익은 과일로 굶주린 배를 채웠습니다. 그리고는 아주 만족스러운 표정을 지으며 행복해 하였습니다.

피로와 갈증을 푼 그는 또다시 길을 떠나야만 했습니다. 그는 자신에게 물과 맛있는 과일을 선물해 준 나무에게 말했습니다.

"나무야, 정말 고맙다. 어떻게 보답을 해야 할까? 너의 열매가 달게 해달라고 기도하고 싶지만 너는 벌써 그것을 가지고 있고, 네가 더욱 잘 자라게 넉넉한 물이 있게 해달라고 기도하고 싶어도 네게는 그 물마저 충분하구나. 그러므로 내가 너를 위해 기도할 수 있는 것은, 네가 될수록 많은 열매를 맺고, 그 열매가 많은 나무가 되어 너처럼 아름답고 훌륭하게 자라게 해달라는 것 한 가지 뿐이구나. 나무야, 정말 고마웠다.”

이렇게 말을 마친 그는 손을 흔들고는 또다시 여행길에 올랐습니다.

이 이야기의 주인공인 여행자는 오랜 여행으로 피로와 굶주림에 지치고 목이 타는 갈증으로 아주 괴로워했지요. 그러던 중 나무가 우거진 곳을 발견하고는 기쁨의 환호성을 질렀습니다. 그곳엔 맑은 물과 과일나무가 있었지요. 그는 정신없이 물을 마셔댔지요. 그리고 갈증이 풀리자 이번 과일을 먹으며 배를 채웠습니다. 갈증도 풀리고 배가 부르고 나자 행복한 표정을 지었지요. 잠시 후 그는 감사한 마음에 나무에게 고맙다고 말하며 나무가 더 많은 열매가 달릴 수 있도록 기도하겠다며 말했지요. 그리고 나서 그는 또 다시 여행길에 올랐습니다.

우리는 여기서 중요한 사실을 알 수 있습니다. 여행자는 사람도 아닌 나무에게도 감사함을 표했다는 것입니다. 그리고 나무가 더 많은 열매를 맺도록 기도하겠다고 말했다는 것이지요. 자신에게 고마움을 갖게 한 것은 그 대상이 사람이든 나무든 그 무엇이든 감사하는 마음을 갖는다는 것은 참 중요합니다. 감사한 마음은 긍정의 에너지이기 때문에 자신에게도 감사함의 대상에게도 긍정적으로 작용하니까요.

그렇습니다. 자신을 도와주거나 고마운 마음을 갖게 한 사람이 부모님이든, 선생님이든, 친구든 그 누구라 할지라도 그들에게 감사해야 합니다. 그것이 사람으로서의 도리이니까요.

늘 감사한 마음으로 생활하세요. 그러면 감사한 일이 생기고 자신이 바라는 일이 이루어질 확률이 많습니다. 감사는 긍정의 에너지를 주는 참 좋은 마인드이니까요.

생각비타민

감사한 마음으로
산다는 것은 매우 중요합니다.
감사는 긍정의 에너지를 주는
참 좋은 마인드이기 때문이지요.
그래서 매사에 감사하면
또 매사에 감사한 일이 생기지요.
그러면 이렇게 말하는 사람이 있습니다.
감사한 일이 없는데 무엇을 감사하나구요.
그러나 이는 잘못된 생각입니다.
감사는 꼭 큰일에만 하는 것이 아닙니다.
작은 일에도 감사하세요.
작은 일에 감사하면 더 많은 감사를 하게 될 것입니다.
이것이 감사의 법칙이랍니다.

25

지혜는 삶의 근본,
지혜를 기르기

《탈무드》는 헤브라이어로 '깊이 배운다'는 뜻입니다. 유대인은 무엇을 배워도 깊이 배우지요. 수박 겉핥기식은 절대 용납하지 않습니다. 배움의 진정한 가치이자 목적은 하나를 배워도 깊이 그리고 충만히 배우는 것입니다.

《탈무드》는 5천년 역사와 전통을 자랑하는 총 20권에 1만 2천 페이지, 2백 50만 단어로 이루어진 유대민족의 살아있는 지혜가 체계적으로 정리된 방대한 책이지요. 한마디로 말해《탈무드》는 지혜의 보물창고라고 할 수 있지요.

유대인이 오늘 날 정치, 경제, 문화, 예술, 금융, 과학 등 전 분야에 걸쳐 세계적으로 중심이 될 수 있는 데에는 어린 시절부터 그들의 민족서이자 이자 지혜서인《탈무드》를 근본으로 해서 지혜를 습득하기 위해 노력하기 때문입니다. 그리고 그들은 둘 이상이 모이면 언제나 토론을 하며 서로의 지혜를 배우며 논리력을 기른답니다. 이런 교육방법을 하브루타라고 하는데 이는 유대인에게는 매우 효과적인 공부방식인 것이지요.

"지혜는 그것을 이용하려고 하는 자의 머리 위에서만 반짝인다."

이는《탈무드》에 나오는 말로 지혜는 지혜를 기르기 위해 노력하는 사람에게 지혜를 선물한다는 의미지요. 그러니까 지혜를 기르기 위해 노력하면 지혜로운 사람이 될 수 있다는 말이지요.

사람들 중엔 지혜와 지식을 같은 것으로 아는 사람들이 있는데, 지혜와 지식은 다릅니다. 지혜와 지식은 둘 다 중요하지만 보다 더 중요한 것은 지혜입니다. 지식은 학교에서 학문을 배움으로써 길러지는 학식을 말하지만, 지혜는 생활 속에서 경험하는 것으로부터 얻게 되는 사물이나 이치를 잘 분별하는 살아있는 능력을 말하지요. 그래서 삶을 잘 살아가기 위해서는 지혜로워야한다는 것입니다. 다음은 지혜의 소중함을 잘 알게 하는 이야기입니다.

이스라엘에는 안식일이라는 날이 있습니다.

안식일에 세 사람이 예루살렘에 함께 갔습니다. 그들은 각자 가지고 있던 돈을 한 곳에 파묻었습니다. 그 당시에는 돈을 예금할 은행이 없었기 때문이었지요.

그런데 세 사람 중 한 사람이 몰래 땅에 파묻은 돈을 꺼내 가져가 버렸습니다.

"아니, 돈이 다 어디로 갔지?"

돈이 묻힌 곳으로 간 또 다른 사람은 놀란 얼굴로 말했습니다.

"분명히 누가 훔쳐 간 거야. 돈 묻힌 곳을 아는 사람은 우리 셋밖에 없는데…… 돈을 누가 가지고 갔지?"

또 다른 사람이 잔뜩 얼굴을 찌푸린 채 말했습니다.

"우리 그러면 솔로몬 왕을 찾아가 보자. 솔로몬 왕이라면 우리의 고민을 해결해 줄 거야."

"그래, 그렇게 하자."

의견을 모든 세 사람은 솔로몬 왕을 찾아갔습니다. 세 사람은 있었던 일을 그대로 얘기 했습니다.

"폐하, 누가 범인인지 가려 주시옵소서."

"그래? 너희 세 사람은 매우 지혜로운 사람들이니, 내가 현재 해결하지 못하고 있는 재판 문제를 도와 다오. 너희들의 문제는 그 후에 해결해 주겠다."

"알겠습니다. 말씀해 보십시오."

솔로몬 왕의 말을 들은 세 사람이 동시에 말했습니다.

"어떤 청년과 결혼을 언약한 처녀가 있었다. 얼마 뒤 그 처녀는 다른 청년과 사랑에 빠지고 말았다. 그래서 약혼자를 찾아간 그 처녀는 위자료를 요구해도 좋으니 파혼에 동의해 달라고 말했다. 그러자 약혼자는 위자료는 받지 않겠다면서 그녀와의 약혼을 취소해 주었다. 부자였던 처녀는 어느 날 한 노인에게 납치를 당했다. 그래서 처녀는 노인에게 말하기를 자신이 결혼을 언약한 약혼자도 위자료 없이 나의 요청대로 해 주었으니, 당신도 그렇게 해 달라고 했다. 그랬더니 그 노인도 그 처녀의 요구대로 풀어 주었다. 이들 중에서 어떤 사람이 가장 칭찬 받을 만한 사람이겠는가? 이에 대해 얘기 해 보라."

솔로몬 왕은 진지하게 자신의 생각을 말했습니다.

첫 번째 남자가 말했습니다.

"약혼까지 했다가 위자료도 받지 않고 파혼에 동의해 준 청년이 가장 칭찬을 받아야 합니다. 그는 위자료도 요구하지 않았고,

약혼녀의 진심을 무시하면서까지 결혼하려고 하지도 않았으니까요."

"그래? 너는 그렇게 생각하는구나. 또 누가 말해 보거라."

이번엔 두 번째 남자가 말했습니다.

"저는 이렇게 생각합니다. 정말 칭찬 받아야 할 사람은 약혼녀입니다. 그녀는 용기를 갖고 진정으로 사랑하는 남자와 결혼하려고 했기 때문에 당연히 칭찬 받아야 합니다."

"오, 그래. 그러면 마지막으로 네가 말해 보아라."

"저 두 사람의 얘기는 말도 되지 않습니다. 노인의 경우를 보더라도 돈 때문에 약혼녀를 납치했는데도 돈도 요구하지 않고 풀어 주다니, 도대체 말이 되는 소리입니까? 이건 말도 안 되는 얘깁니다."

그러자 솔로몬 왕이 소리쳤습니다.

"네가 바로 돈을 훔친 도둑이다! 두 사람은 처녀와 약혼자 사이에 있는 사랑하는 마음과 인간관계의 입장에 얘기를 했는데, 너는 오로지 돈 밖에 신경 쓰지 않았다. 그러므로 네가 틀림없는 범인이다."

솔로몬 왕의 얘기를 들은 세 번째 남자는 하얗게 얼굴이 질리더니 이내 고개를 푹 떨구고 말았습니다.

솔로몬 왕은 유대 임금으로 지혜롭기로 유명하지요. 그것을 잘 아는 사람들은 자신들이 난처한 입장에 처하면 솔로몬 왕을 찾아가 지혜를 구했지요. 이 야기에도 세 사람이 솔로몬 왕을 찾아가지요. 돈을 잃어버려 누가 범인지를 찾고 싶었기 때문이지요. 세 사람의 이야기를 듣고 솔로몬은 이야기를 들려주며 누가 가장 칭찬 받을만한 사란이냐고 묻습니다. 첫 번째 남자는 약혼까지 했다가 위자료도 받지 않고 파혼에 동의 해준 청년이라고 말하고, 두 번째 남자는 칭찬 받아야 할 사람은 진정으로 사랑하는 남자와 결혼하려고 했기 때문에 당연히 약혼녀라고 말합니다.

그런데 세 번째 남자는 노인의 경우를 보더라도 돈 때문에 약혼녀를 납치했는데도 돈도 요구하지 않고 풀어 주다니, 이는 말도 안 되는 소리라고 말합니다. 그러자 솔로몬 왕은 범인은 세 번째 남자라고 말합니다. 오직 돈밖에 신경 쓰지 않았다는 것이 그 이유라는 것이지요. 솔로몬 왕의 말을 듣고 세 번째 남자는 고개를 떨 구지요.

이처럼 지혜로운 사람은 자신을 슬기롭게 하고, 다른 사람들로부터 존경 받게 하지요.

"한 가지 일을 경험하지 않으면 한 가지 지혜가 자라지 않는

다."

이는 《명심보감》에 나오는 말로 지혜는 경험으로부터 온다는 것을 잘 알게 합니다.

그렇습니다. 지혜는 경험을 통해 길러지는 것이지요. 10대는 몸과 마음이 한창 자라는 활기찬 시기입니다. 이런 시기에 공부에만 매달리는 것이 안타깝지만, 책을 통해서 여러 경험을 통해 지혜를 터득한다면 어른이 되어서 자신이 원하는 삶을 살아가는 데 큰 도움이 될 것입니다.

생각비타민

지혜는 삶을 슬기롭게
살아가는 데 있어 필히 갖추어야 할 마인드입니다.
지혜가 있는 사람은 매사를 슬기롭게 하지만,
지혜롭지 못한 사람은 매사를 그르치게 됨으로써,
자신이 원하는 삶을 사는데 어려움이 많이 따르지요.
지혜를 기르기 위해서는 경험을 많이 해야 합니다.
경험은 지혜를 기르는데 가장 훌륭한 스승이기 때문이지요.
그렇습니다.
다양한 경험을 통해 소중한 지혜를 기르기 바랍니다.

26

내가 받은
사랑을 베풀기

"사랑을 베푼다는 것은 이 세상을 꽃밭으로 만드는 위대한 열 쇠이다."

이는 《지킬 박사와 하이드씨》로 유명한 스코틀랜드 소설가인 로버트 스티븐슨이 한 말로 사랑은 베푼다는 것, 즉 사랑을 이웃 과 사회를 위해 나눈다는 일은 세상을 아름답고 행복하게 하는 아름다운 행위이지요. 그런 까닭에 자신의 사랑을 나눠주는 사 람이 많을수록 우리 사회는 행복으로 가득차게 되지요.

그러나 사랑을 베푸는 사람들이 적을수록 그 사회는 냉기로 가득차 서로를 질시하고, 서로에게 무관심하고, 작은 일에도 얼굴을 붉히는 일이 많습니다. 이는 서로를 위해, 행복한 사회를 위해 불행한 일이지요.

사랑을 베푸는 일은 행복을 나누는 일입니다. 그래서 사랑을 많이 베풀면 그만큼 행복해지는 것이지요. 이에 대해 프랑스 작가이자 비평가인 아나톨 프랑스는 이렇게 말했습니다.

"이 세상의 참다운 행복은 남에게서 받는 것이 아니라 내가 남에게 주는 것이다. 그것이 물질적인 것이든 정신적인 것이든 인간에게 있어서 가장 아름다운 행동이기 때문이다."

아나톨 프랑스의 말처럼 참다운 행복을 느끼기 위해서는 남에게 사랑을 베푸는 것입니다. 그러면 상대도 행복하고 자신은 더 행복해진답니다.

어떤 노인이 정원에 나무를 심고 있었습니다. 노인의 얼굴에선 땀이 비 오듯 쏟아졌습니다.

"아, 덥다 더워. 하지만 부지런히 심어야지."

노인은 연신 수건으로 땀을 닦아 내면서도 쉬지 않고 계속해서 나무를 심고 또 심었습니다. 노인의 얼굴엔 기쁨으로 가득 차 있었습니다. 때마침 그 곳을 지나가던 나그네가 노인을 향해 말을 걸었습니다.

"어르신, 그 나무에서 언제 열매를 거둘 수 있다고 그렇게 열심히 나무를 심으십니까?"

"한 70년은 지난 뒤에야 결실을 볼 수 있을 것이오."

"네에, 그렇군요. 어르신께서 그토록 오래 사실 수 있으시겠습니까?"

나그네는 고개를 갸우뚱거리고 또 다시 물었습니다. 그러자 노인은 나그네를 바라보며 빙그레 웃었습니다. 그리고는 이내 말문을 열었습니다.

"아니오. 그렇게 살 수 없지요. 내 나이가 지금 몇인데……"

"그럼, 왜 그토록 열심히 나무를 심으십니까?"

"그 이유를 꼭 알고 싶소?"

"네. 어르신."

"나는 이 나무에서 자란 열매를 먹지 못해요. 하지만, 내가 태어날 때도 많은 과일나무가 있었다오. 그 과일나무로 인해 나는 많은 열매를 먹을 수 있었소. 그런데 그 과일나무를 내 아버님께서 내가 태어나기도 전에 심어 놓으셨다 오. 나 역시 내 아버님처럼 나무를 심어 놓으면 다음에 태어날 내 손자들이나 다른 사람들이 맛있게 먹게 될 것 아니겠소. 난 그런 마음으로 심는 거라오."

"네. 그런 뜻이 있으셨군요."

나그네는 노인의 말을 듣고, 깊은 감동을 받았습니다. 그리고
는 그 자리에서 한 동안 그대로 서 있었습니다.

이 이야기 속의 어르신은 뜨거운 땡볕에서 나무를 심습니다.
그 모습을 보고 지나가던 나그네가 언제 열매를 거둘 수 있다고
그렇게 열심히 나무를 심느냐고 묻자 다음에 태어날 손자와 사
람들을 위해 심는다고 말합니다. 그리고 말하기를 자신 역시 태
어날 때부터 과일나무가 있어 많은 열매를 먹을 수 있다고 말했
습니다. 그 과일나무는 어르신의 아버지가 심은 나무였던 것입
니다.

어르신이 아버지가 심은 과일나무로 인해 많은 과일을 먹은 것
은 곧 아버지의 사랑을 먹은 것이지요. 그래서 어르신은 자신 역
시 받은 사랑을 나누기 위해 앞으로 태어날 손자와 사람들을 위
해 심은 것이지요.

그런데 사람들 중엔 자신이 받은 사랑을 베푸는 사람보다는 그
렇지 않은 사람들이 많습니다. 그리고 자신은 사랑 받기를 바라
면서 남에게 피해를 주는 사람들이 있지요.

"세상에는 자기를 사랑하고 또한 사랑받기를 원하면서도 남을 괴롭히고 해치면서 사랑을 멀리하는 자가 있다."

이는 영국의 극작가 조지버나드 쇼가 한 말로 남에게 사랑을 베풀지는 못해도 괴롭히고 해치는 일은 없어야 합니다. 그것은 자신을 죄에 빠지게 하는 일이자 자신을 불행하게 하는 일이니까요.

그렇습니다. 그런 까닭에 사랑을 베풀어야 하는 것입니다. 그것은 자신도 남도 다 같이 행복하게 하는 아름다운 일이기 때문입니다.

생각비타민

사랑은 나누면 나눌수록 점점 더 커지고,

인색하면 인색할수록 점점 더 작아지지요.

그런 까닭에 사랑을 베풀며 살아야 하는 것입니다.

그리고 사랑을 베풀다 보면

마음이 따뜻해지고 행복해지지요.

사랑을 나누는 일은 자신도 행복하게 하고

남도 행복하게 하는 생산적이고 아름다운 일입니다.

자신이 더 많은 행복을 느끼고 싶다면

더 많은 사랑을 나누기 바랍니다.

27

작고 사소한 것도
소중히 여기는 마음

사람들 중엔 작고 사소한 것을 하찮게 여기는 사람들이 있습니다. 작고 사소한 것은 보잘 것 없는 것이라고 여기는 까닭이지요. 하지만 이는 매우 잘못된 생각입니다. 작고 사소한 것도 크고 우뚝한 것이 되는데 반드시 필요한 것이니까요. 점보비행기를 만들기 위해서는 수많은 작은 나사와 볼트가 필요합니다. 만일 부품 중 하나만 없어도 비행기는 하늘을 날 수 없습니다. 자칫 사고가 날 수도 있으니까요.

또한 커다란 항공모함을 만드는 데도 수많은 부품이 필요하지요. 만일 부품이 하나라도 없다고 한다면 항공모함 역시 제대로 항해할 수 없답니다. 자칫 큰 사고로 이어지기 때문이지요.

만일 산과 들에 풀이 없다고 한다면 어떻게 될까요. 붉은 흙이 그대로 드러나 보기 흉할 뿐만 아니라, 큰비라도 오면 산사태가 나서 위험에 처하게 될 거예요.

풀 한 포기는 작고 보잘 것 없지만, 산과 들을 푸르게 가꿔주고 홍수로부터 지켜내게 하지요. 이렇게 볼 때 작고 사소하는 것은 보잘 것 없는 것이 아니라 매우 소중한 것이랍니다.

이처럼 작고 사소한 것들도 다 존재의 이유가 있는 것이지요. 그러기 때문에 작고 사소한 것도 허투루 여기고 함부로 대하지 말아야합니다. 세상은 작고 사소한 것들이 함께 할 때 더욱 행복하고 아름다워지니까요.

다윗 왕은 매우 용기 있는 이스라엘 왕이었습니다. 그는 소년 시절 적군 블레셋 장군인 거인 골리앗을 물리쳐 위기에 처한 나라를 구한 사람입니다.

평소에 다윗 왕은 거미를 무척 더럽고 쓸모없는 미물이라고 생각하였습니다.

'저 거미란 것은 아무 짝에도 쓸모가 없는 곤충이야.'

그런데 어느 전쟁 때 다윗 왕은 적에게 포위를 당하게 되자 간신히 동굴을 찾아 숨어들었습니다. 그 동굴은 거미줄로 칭칭 감겨 있어 흉측 맞아 보이는 동굴이었습니다.

"으이구, 내가 어쩌다 이런 신세가 되었지. 내가 그토록 싫어하는 거미가 쳐 놓은 동굴로 숨어들다니……."

다윗 왕은 자신의 처지가 무척 딱하다고 생각하는데 적군 병사들이 우르르 몰려왔습니다. 이젠 죽었구나, 하고 생각하며 가슴을 졸이는데

"에이 퉤퉤. 이렇게 더러운 동굴에 숨을 리가 없지. 여봐라, 다른 곳으로 가서 찾아보자."

하고 적군 대장이 말했습니다. 적군 병사들이 물러가고 나자 다윗은 동굴에서 나와 살아 날 수 있었습니다.

또 한 번은 다윗 왕이 적장의 침실에 숨어들어가 칼을 훔치고는 다음 날 "너의 칼을 가져올 정도이니 너 또한 죽이는 것은 간단한 일이다." 라고 말할 참이었습니다. 그러나 그런 기회는 좀처럼 오지 않았습니다.

그러던 어느 날 적장 침실까지 숨어들어 간 다윗은 적장의 칼을 가져오려고 했지만, 칼이 적장의 발밑에 깔려있어 도저히 칼을 가져올 수 없었습니다. 칼을 빼려다 적장이 깨기라도 하면 큰

일이 날 것은 불을 보듯 빤한 일이었으니까요.

'이걸 어쩌지. 좋은 기횐데.'

다윗은 아쉬운 마음에 속으로 중얼거리며 어쩔 수 없이 돌아가려고 막 뒤돌아 서는데, 어디서 나타났는지 모기 한 마리가 날아와 적장의 발끝에 앉았습니다. 그 순간 적장은 무의식중에 발을 움직였고 그 바람에 틈이 생겼습니다. 다윗 왕은 그 순간을 놓치지 않고 칼을 빼내는데 성공하였습니다.

또 언젠가 한 번은 다윗 왕이 적에게 포위당해 위기에 처했습니다. 이제 죽은 목숨이나 다름없었습니다. 그렇다고 죽기에는 너무 억울했습니다. 그는 곰곰이 생각하다 "그래, 바로 이거야."라고 말하며 무릎을 탁 쳤습니다. 그리고는 갑자기 큰 소리로 킬킬대며 미치광이 흉내를 냈습니다. 바로 그때 그 모습을 적군 병사들이 보게 되었습니다.

"야! 저기 다윗 왕이 있다."

"어디?"

"저기, 저 사람이야."

"에이, 저런 사람이 어떻게 다윗 왕이라고 할 수 있느냐?"

"아냐, 저 사람이 다윗 왕이 틀림없어."

"아니라니까 글쎄. 그냥 돌아가자."

"어, 저 사람이 맞는데⋯⋯."

"아니야. 네가 잘못 안 거야. 그냥 가자."

적군 병사들은 이렇게 말을 주고받으며 돌아갔습니다. 한 병사는 그를 다윗 왕이라고 했지만, 또 다른 병사는 미치광이가 다윗왕이라고 전혀 생각지 못했던 것입니다.

역시 다윗 왕은 용기 있는 사람일 뿐만 아니라 지혜로운 사람이었습니다.

다윗은 용감함의 대명사입니다. 소년시절 적군 블레셋 장군인 거인 골리앗을 물리쳐 위기의 나라를 구했지요. 그런 그가 적군에게 쫓기게 되었지요. 그는 도망을 가다 동굴로 숨어들었지요. 동굴엔 그가 싫어하는 거미가 쳐 놓은 거미줄로 가득했지요.

그런데 거미가 쳐 놓은 그물 때문에 목숨을 구할 수 있었지요. 그리고 이번엔 적장 침실까지 숨어들어 간 다윗은 적장의 칼을 가져오려고 했지만 칼이 적장의 발밑에 깔려있어 도저히 칼을 가져올 수 없었습니다. 그 때 모기 한 마리가 날아와 적장의 발끝에 앉자, 적장은 무의식중에 발을 움직였고, 다윗은 그 순간을 이용해 칼을 빼내는데 성공하였지요. 그리고 적군에게 포위를 당하자 미치광이처럼 킬킬대며 웃어댔습니다. 그러자 적군 병사들은 그를 미치광이로 알고 그냥 돌아갔지요. 그 바람에 다윗은 극적으로 목숨을 구할 수 있었던 것입니다.

이 세상에 존재하는 것들 중엔 쓸모없는 것은 없습니다. 아무리 작고 보잘 것 없는 것들도 다 필요하고 쓰일 때가 있답니다. 거미, 모기 등은 사람에게 이로운 곤충이 아닙니다.

그러나 다윗은 해충인 거미와 모기의 도움으로 하나뿐인 목숨을 구해 이스라엘의 성군이 되었습니다.

그렇습니다. 이 세상에 존재하는 모든 것들은 크던 작던, 보잘 것 있든 없든, 그 나름대로 의미를 갖고 있습니다. 그런 까닭에 작고 사소한 것들도 소중히 여겨야 하겠습니다.

생각비타민

세상에는 크고
우뚝하고 귀하고 소중한 것도 있지만,
작고 보잘 것 없는 것도 있습니다.
이것들이 서로 함께 어우러져서
이 세상은 굳건하고 아름답게 존재하는 것입니다.
그리고 그 안에서 우리는 꿈을 키우고,
자신이 원하는 일을 하며 행복하게 살아갑니다.
작고 사소한 것은 하찮은 것이 아닙니다.
다 필요하기 때문에 존재하는 것입니다.
작고 사소한 것들을 소중히 여기며 살 때
우리의 삶도 더 알차게 여물어갈 것입니다.

28

늘, 준비하는
자세 기르기

'유비무환'이라는 말이 있습니다. 이는 '미리 준비가 되어 있으면 근심할 일이 없다'는 뜻이지요. 이 말처럼 미리미리 대비해 놓으면 그 어떤 일이 주어지거나 닥쳐도 충분히 대처할 수 있어 좋은 결과를 이끌어 낼 수 있습니다.

우리나라의 영원한 불세출의 성웅인 이순신장군은 유비무환의 자세가 잘 갖춰진 분이셨지요. 왜구가 수시로 우리나라에 출몰해 노략질을 일삼았지요. 그래서 무고한 백성이 죽거나 다치는 일이 있었을 뿐만 아니라, 재물을 잃기도 했지요. 이런 사정을 잘 아는 이순신장군은 앞으로 있을지 모를 왜적의 침입에 대배해 거북선을 만들고 병사들을 철저하게 훈련을 시켰지요. 또 군량미를 비축하는 등 매사에 준비를 철저히 했습니다.

아니나 다를까 1592년 왜군이 우리나라를 쳐들어 왔습니다. 이른바 임진왜란이 일어난 것입니다. 여기저기서 왜적들이 우리 백성을 죽이고 집을 불태우는 등 피해는 삽시간에 늘어만 갔습니다. 그리고 왜적은 지금의 서울인 수도 한양까지 침입하였지요. 선조임금은 도성을 비우고, 백성들을 내버려둔 채 의주로 몽진을 떠났지요. 그야말로 나라가 바람 앞에 등불처럼 위태로웠지요.

이런 가운데서도 이순신 장군이 이끄는 군대는 적군을 섬멸하며 왜적들로 하여금 두려움을 갖게 했습니다. 왜적들은 이순신 장군 이름만 떠올려도 소스라치게 놀랄 정도였지요. 나라와 백성을 위해 밤낮으로 노심초사하는 이순신 장군은 간신배들의 농간으로 옥에 갇히기도 했지만, 불평불만 한 마디 없이 백의종군했지요.

그러던 어느 날 선조의 부름을 받고 다시 전장에 나갔으나 고작 남은 배라고는 12척에 불과했습니다. 하지만 이순신 장군은 전략을 가다듬어 마지막전투인 노량해전을 승리로 이끌며 7년간의 임진왜란을 승리로 이끌었지요. 더욱이 놀라운 것은 싸울 때마다 승리로 이끌어내며 전승했다는 데 있습니다. 이순신 장군이 왜적과는 비교도 안 되는 적은 수의 전함과 병사로 왜적을 물리쳤다는 것은 세계사에서도 그 유래를 찾을 수 없는 일이지요.

이처럼 이순신 장군이 임진왜란을 승리로 이끌며 나라와 백성을 구할 수 있었던 것은 유비무환의 정신에 있습니다.

늘 준비하는 자세야 말로 그 어떤 일도 성공적으로 해 낼 수 있는 확률이 그 만큼 크다는 것을 마음에 새겨 실천해야 하겠습니다. 이에 대한 이야기입니다.

어떤 왕이 있었습니다.

어느 날 왕은 성대한 잔치를 벌이고 많은 종들을 초대하였습니다.

그러나 잔치가 언제 시작될지는 아무에게도 알려주지 않았습니다.

"우리를 잔치에 초대해 준 것은 감사하고 황송한 일이지만 시간을 알려 주지 않다니. 참 이상한 일이네."

"그러게 말 야."

많은 종들은 왕이 베푸는 잔치에 초대받은 것을 기뻐하면서도 이렇게 말했습니다.

그때 슬기로운 종은 '왕께서 하시는 일이니 아무 때든 잔치가 시작될 거야. 그러니 준비하고 있어야지'하고 생각하며 미리 궁전 문 앞에서 기다렸습니다.

그러나 어리석은 종은 '잔치를 준비하자면 시간이 걸릴 테니 그 때까지는 아직 많은 시간이 남아 있겠지. 그 때까지 내 할 일이 하지 뭐.' 라고 생각하며 게으름을 피웠습니다.

드디어 풍악을 울리며 흥겨운 잔치가 시작되었습니다. 잔치가 시작되자마자 슬기로운 종은 곧바로 궁전 안으로 들어가서 즐거운 잔치에 참여하였습니다.

처음 본 궁전의 잔치는 매우 화려하고 성대하여 슬기로운 종은 정신을 차릴 수가 없었습니다.

"과연, 왕이 베푼 잔치답구나. 이런 잔치에 초대를 다 받게 되다니······. 아, 나는 너무 행복한 사람이야."

슬기로운 종은 이렇게 말하며 활짝 웃었습니다.

하지만 어리석은 종은 자신의 게으름으로 끝내 시간에 맞춰 궁전으로 들어가지 못하고 궁전 앞에서 발만 동동 구르며 애를 태웠습니다.

"이를 어쩌지. 왕의 잔치에 초대를 받고도 참여도 못하다니.

아, 나의 어리석음과 게으름이 원망스럽구나."

어리석은 종은 자신의 어리석음에 대해 두고두고 후회하였습니다.

이 이야기에서 슬기로운 종은 임금이 초대한 잔치가 열리기를 바라며 준비하고 있었지요. 드디어 풍악을 울리며 흥겨운 잔치가 시작되었습니다. 잔치가 시작되자마자 슬기로운 종은 곧바로 궁전 안으로 들어가서 즐거운 잔치에 참여하였지요.

그러나 어리석은 종은 '잔치를 준비하자면 시간이 걸릴 테니 그 때까지는 아직 많은 시간이 남아 있겠지. 그 때까지 내 할 일이 하지 뭐.'라고 생각하며 게으름을 피우다 그만 잔치에 참여하지 못해 발만 동동 구르며 후회하였답니다.

사람은 늘 준비하는 자세로 살아가야 합니다. 언제, 어느 때 자신에게 좋은 기회가 올지 모르기 때문입니다. 그래서 항상 준비하며 자신에게 기회가 오도록 노력해야 합니다. 준비하고 기다리는 사람에게는 더 많은 기회가 찾아오는 것이니까요.

늘 자신을 가다듬고, 준비하는 마음으로 살아야 하겠습니다.

생각비타민

매사에 준비성이 철저한 사람은
그렇지 않은 사람보다 더 잘 될 확률이 높습니다.
미리 준비하면 그 어떤 일이 주어져도
슬기롭게 잘 해낼 수 있기 때문이지요.
그러나 준비성이 없으면
좋은 기회가 찾아와도 놓치는 경우가 많습니다.
좋은 기회를 살리는데 부족하기 때문이지요.
그렇습니다.
매사에 있어 늘
준비하는 자세로 철저하게 대비해야하겠습니다.

29

거짓을 멀리하고
양심을 지키며 살기

　사람은 정직해야 합니다. 그리고 신의가 있어야 하고, 양심을 지키기며 살아야 합니다. 또 거짓을 말하지 않아야하며, 선의를 행해야 합니다. 이를 잘 지켜 행하면 그 누구라고 다 좋아하고, 그 무슨 말을 해도 다 믿어주지요.

　그러나 거짓을 말하고 양심을 저버리면 그 누구도 그런 사람은 멀리하게 되지요. 그런 사람을 믿었다가는 잘 못될 수 있기 때문이지요. 거짓말에 얼마니 유해한 것인지를 잘 알게 하는 말입니다.

"한 가지 거짓말을 참말처럼 하기 위해서는 항상 일곱 가지의 거짓말을 필요로 한다."

이는 종교개혁자 마틴 루터가 한 말로 거짓말은 또 다른 거짓을 낳는 거짓말의 근원이라는 걸 잘 알게 합니다.

"거짓말로 땅 끝까지라도 갈 수 있으나 다시 돌아오지는 못한다. 거짓말은 그 말한 사람의 눈빛을 비천하게 한다."

이는 러시아 단편 작가인 안톤 체호프가 한 말로 거짓말로 속일 수는 있어도 회복하기는 힘들다는 말이지요.

"한 번 거짓말쟁이로 인식되면 아무리 진지한 표정으로 옳은 말을 한다 해도 아무도 믿지 않는다."

이솝이 한 말로 한번 거짓말쟁이는 영원한 거짓말쟁이로 남을 만큼 거짓말은 한 사람의 인생을 완전히 거짓말꾼으로 바꿔 놓지요. 이솝의 우화 〈양치기 소년〉은 이를 잘 알게 하지요. 소년의 반복된 거짓말에 사람들은 다 등을 돌려버렸지요.

이처럼 거짓말은 자신의 삶을 비참하게 만들어버리지요. 거짓말은 양심을 속이는 죄악인 것입니다.

어느 날 사자 한 마리가 사슴을 잡아 맛있게 먹었습니다.

"으흠, 역시 사슴고기는 맛이 좋단 말 야. 흐흐흐. 며칠 동안은 배불리 먹을 수 있겠지."

그런데 너무 급히 먹다가 그만 뼈가 사자 목구멍에 걸리고 말았습니다.

"으웩! 으웩! 아, 아이고, 목이야. 뼈, 뼈가 목구멍에 걸리다니. 으웩! 아이고 으웩!"

사자는 퀙퀙거리며 안간힘을 썼지만 목구멍에 걸린 뼈는 좀처럼 빠지지 않았습니다. 사자는 큰일났다싶어 계속해서 퀙퀙거리며 뼈를 빼내기 위해 애를 썼습니다.

그러다 한 가지 꾀를 생각해 냈습니다. 그리고는 소리치며 말했습니다.

"누구든지 내 목구멍에 걸린 뼈를 빼내주는 동물에겐 큰 상을 주겠다."

그러자 이 소리를 듣고 한 마리의 학이 날아와서 말했습니다.

"사자 대왕님. 지금 한 그 말이 정말입니까?"

"그래. 정말이다. 그러니 어서 내 목구멍에 걸린 뼈를 빼다오."

"알았습니다. 어서 입을 크게 아, 하고 벌리세요."

학의 말에 사자는 한껏 입을 크게 벌렸습니다. 그러자 학은 긴 부리를 사자의 입속에 들이밀고는 뼈를 빼내기 위해 끙끙대며 애를 썼습니다. 뼈가 너무 단단히 막혀서 한참만에야 가까스로 뼈를 빼낼 수 있었습니다.

"어휴! 죽는 줄 알았네. 아함, 가뿐한 이 기분, 정말 좋구나!"

사자는 목을 으쓱해 보이며 기쁜 표정으로 말했습니다. 그러자
학이 말했습니다.

"사자 대왕님, 어서 저에게 상을 주십시오."

"뭐라고! 상이라고?"

"네, 사자 대왕님."

"후후후. 내 입속에 머리를 넣고도 살아 날 수 있었다는 것이
바로 그 상이다. 그렇게 위험한 지경에 처했다가도 살아서 돌아
갈 수 있다는 건 큰 자랑이 될 것이다. 그 이상의 상이란 없다."
사자는 아주 뻔뻔스러운 얼굴로 말했습니다.

학은 그때서야 자신이 속았다는 것을 알고는 "이 세상에 믿을
건 아무것도 없단 말이야."라고 말하고는 푸드덕 날아가 버렸습
니다.

〈거짓말쟁이 사자〉라는 이야기입니다. 사자는 동물의 왕이지
만 이 이야기속의 사자는 아주 비열한 거짓말쟁이가 아닐 수 없
습니다.

사자는 사슴 뼈가 목에 걸려 난처한 입장에 처하자 뼈를 빼내

주는 동물에게는 상을 주겠다고 했지요. 그 말을 듣고 학이 긴 부리로 애를 쓴 끝에 가까스로 뼈를 빼냈지요. 하지만 사자는 상을 주겠다는 자신의 약속을 지키지 않았습니다. 학은 속은 줄 알고는 날아가버렸습니다.

사자는 자신이 한 말을 지키지 않았지요. 자신의 양심을 저버린 것입니다. 사람들 중에도 거짓말을 밥 먹듯 하는 사람이 있지요. 이런 사람은 거짓말을 해도 양심의 가책을 느끼지 않습니다. 마치 거짓말을 오락게임처럼 여기지요. 그런 까닭에 거짓말을 자꾸만 하게 되는 것이지요. 하지만 당장은 속일 수 있지만 곧 들통 나고 말지요. 이에 대해 에이브러햄 링컨은 이렇게 말했습니다.

"모든 사람을 얼마 동안은 속일 수 있다. 또 몇 사람을 늘 속일 수도 있다. 그러나 모든 사람은 늘 속일 수 없다."

링컨의 말에서 보듯이 거짓말은 진실이 아니기에 오래가지 못합니다. 아무리 큰 실수를 했더라도 절대 거짓말을 하지 말기 바랍니다. 거짓말은 자신의 삶을 갉아 먹는 생쥐랍니다.

생각비타민

어떤 사람은 사람들이 거짓말에 속아
넘어가는 것이 재미있어 자꾸만 거짓말을 꾸며댑니다.
처음엔 속지만 나중에 알게 되면 자신에게
얼마나 치명적인 일인지를 알고는 후회를 하지요.
그렇습니다.
진실이 아닌 것은 그것이 무엇이든 후회를 남기게 되지요.
더구나 거짓말은 더더욱 그렇지요.
자신의 양심을 지키며 산다는 것은
그 무엇보다도 중요합니다.
그런 까닭에 거짓말을 하지 말아야겠습니다.

30

형제 간의 우애를
돈독히 하기

"형은 아우를 사랑하고, 아우는 형을 공경하라."

이는 《소학》에 나오는 말로 형과 아우는 서로에게 각자의 마음을 표해야합니다. 형은 너그럽고 따뜻한 마음으로 동생을 사랑하고 보살펴야 하며, 동생은 형을 공경하고 따름으로써 서로간의 우애를 키워야 하지요. 그래야 형제간에 사랑이 넘침으로써 행복할 수 있기 때문입니다.

"좋은 형제는 너그럽게 지낸다." 이는 《시경》에 나오는 말로 너그럽게 지낸다는 것은 서로 실수를 해도 이해하고 받아주고, 넓은 마음으로 서로를 대하니 서로 간에 다툼과 시기와 질투가 없어 우애가 넘침을 뜻하지요.

"형제는 수족과 같다. 하지만 수족이 끊기면 잇기가 어렵다."

이는 장자가 한 말로 형제는 손과 발같이 서로에게 꼭 필요한 존재이며, 한번 의가 상하면 좋은 관계가 되는데 그만큼 어려움을 뜻합니다. 그런 까닭에 형제는 서로를 위해주고, 잘못한 것은 용서하고 감싸주어야 하며, 서로를 격려하고 용기를 북돋워줌으로써 의좋게 지내야 합니다.

가족이 화목한 집은 자식들이 부모를 공경하고, 형제 간에는 우애가 깊어 서로에 대한 사랑이 넘칩니다. 그래서 화목한 가정이 되기 위해서는 부모형제간에 사랑이 넘치고, 우애가 좋아야 하는 것입니다. 다음은 형제간에 아름다운 우애를 담은 이야기입니다.

옛날 이스라엘에 두 형제가 살고 있었습니다. 이미 형은 결혼하여 아내와 자식이 있었고, 동생은 아직 결혼하지 못한 총각이었습니다. 성실한 농부인 두 형제는 아버지가 세상을 떠나자 재산을 나누기로 하였습니다. 그래서 수확한 사과와 옥수수를 똑같이 나누어 각자의 창고에 보관했습니다.

'형님에게는 아내와 아이들이 있으니, 어려운 일도 그만큼 많을 거야. 내 것을 좀 더 나누어 주어야겠어.'

이렇게 생각한 동생은 아무도 몰래 형의 창고에 꽤 많은 양의 사과와 옥수수를 가져다 놓았습니다.

'나는 자식들이 있으니 노후를 걱정할 필요가 없지만, 혼자 사는 동생은 스스로 비축해두어야 할 거야.'

이렇게 생각한 형 역시 사과와 옥수수를 동생 창고로 옮겨 놓았습니다.

아침이 되자 잠에서 깨어난 형제는 각기 자신의 창고로 갔습니다. 하지만 어제와 똑같은 분량의 사과와 옥수수가 그대로 있었습니다.

"어, 이상하다. 분명 내가 어제 형님네 창고에 사과와 옥수수를 갖다 놓았는데 어찌 그대로 일까?"

동생은 의아해하며 이렇게 중얼거렸습니다. 형 또한 고개를 갸우뚱거리며 중얼거렸습니다.

"어라. 이게 어떻게 된 거지? 내가 분명 사과와 옥수수를 동생 창고에 갖다 놓았는데, 그대로네."

이상하게 생각하던 두 형제는 그 날 밤, 또 그다음 날 밤도 같은 일을 반복하였습니다. 그렇지만 여전히 자신의 창고엔 사과와 옥수수가 그대로 있었습니다.

'이상한 일이야. 어찌 이런 일이 있을 수 있단 말인가'

형과 동생은 똑같은 생각을 하며 고개를 갸우뚱거렸습니다. 그리고 그날 밤 또다시 서로의 창고로 사과와 옥수수를 날랐습니다. 그러다 도중에 형제가 딱 마주치고 말았습니다.

"어, 형님. 그럼 형님께서?"

"어, 동생. 그럼 동생이?"

두 형제는 이렇게 말하며 한편으론 웃었고, 또 한편으론 끌어안고 울었습니다. 서로를 생각해 주는 그 고마움이 서로를 감동하게 했던 것입니다.

이들 두 형제가 끌어안고 울었던 장소는 지금까지도 예루살렘에서 가장 존귀한 곳으로 전해지고 있습니다.

형은 동생을, 동생은 형을 생각하는 마음이 아주 지극한 이야기입니다. 이처럼 서로를 생각하는데 어찌 우애가 깊지 않을 수 있을까요. 읽는 것만으로도 가슴을 따뜻하게 하고 깊은 감동을 줍니다.

이와 같은 얘기는 우리나라 충청도 예산지방에서도 전해 오지요. 볏단을 서로의 낟가리로 나르던 두 형제, 그리고 도중에 마주친 두 형제. 그들 역시 감동의 눈물을 흘렸습니다. 형제의 아름다운 이야기는 두고두고 감동을 주기에 조금도 부족함이 없답니다. 바로 '의좋은 형제' 이야기입니다.

형제간에 우애를 기르기 위해서는 첫째, 내가 먼저 양보하고 배려해야합니다. 둘째, 형은 동생을 아끼고 보살피고, 동생은 형 말에 순종하고 존경해야한다. 셋째, 좋은 것은 서로에게 양보하고, 힘든 일은 함께 힘을 모아 해결해야합니다. 넷째, 서로를 사랑하고 시기와 질투는 멀리 해야 합니다. 이처럼 형제간에 실천할 수 있다면 깊은 우애로 서로를 기쁘게 하고 행복할 수 있답니다.

형제의 사랑, 이는 한 부모로부터 피를 나눈 사람만이 느끼는 진한 형제애라는 걸 잊어서는 안 될 것입니다.

그렇습니다. 형제 간, 남매 간, 자매 간에 우애를 돈독히 하기 위해 노력하기 바랍니다.

생각비타민

형제 간에 우애가 깊은 가정은
즐거움과 행복이 넘칩니다.
서로를 위해주는 사랑의 마음이 깊고 넓기 때문이지요.
그러나 형제 간에 우애가 없으면
냉기가 흐르고 즐거움이 없습니다.
행복한 가정이 되고, 즐겁게 생활하기 위해서는
형제 간에 우애를 돈독히 해야 합니다.
우애를 돈독히 하기 위해서는 서로를 아껴주고,
배려하고, 양보하고, 사랑하기 바랍니다.

31

소경의 등불이
주는 교훈

이타적인 사람은 타인을 위하는 마음이 뛰어나지요. 그러다 보니 상대에 대한 배려심이 좋고, 양보를 잘 할 뿐만 아니라 자신의 것을 나누는 것도 즐겨합니다. 그래서 이타적인 사람은 그렇지 않은 사람보다 더 큰 행복을 느끼지요. 이처럼 행복은 남을 위할 때 더 큰 법이지요. 이에 대해 프랑스의 작가인 아나톨 프랑스는 이렇게 말했습니다.

"이 세상의 참다운 행복은 남에게서 받는 것이 아니라 내가 남에게 주는 것이다. 그것이 물질적인 것이든 정신적인 것이든 인간에게 있어서 가장 아름다운 행동이기 때문이다." 아나톨 프랑스의 말은 보면 이타적인 사람이 행하는 선의가 잘 나타나 있습니다. 그리고 세계 음악의 악성 루트비히 판 베토벤은 다음과 같이 말했지요.

"사람은 남에게 어떠한 행동을 하였느냐에 따라 그의 행복도 결정된다. 남에게 행복을 주려고 했다면 그만큼 그 자신에게도 행복이 돌아온다."

베토벤의 말을 보면 그가 왜 위대한 음악가인지를 잘 알게 합니다. 그는 뛰어난 음악가일 뿐 아니라 그의 음악이 많은 사람들을 행복하게 하는데 있음을 알 수 있기 때문입니다.

이처럼 이타적인 사람은 자신의 행복은 곧 남을 이롭게 하는데 있다는 것을 잘 알게 합니다. 우리는 왜 이타적인 사람이 되어야 하는지를 잘 알게 하는 이야기입니다.

한 치의 앞도 볼 수 없는 캄캄한 밤입니다. 이 캄캄한 밤길을 한 남자가 걸어가고 있었습니다. 온 사방이 고요하고 적막만이 감돌았습니다. 터벅터벅 걸어가는 남자 앞에 등불을 켜든 소경이 천천히 다가왔습니다.

"아니, 이 밤중에 웬 사람이 등을 들고 다닐까."

남자는 중얼거리며 앞으로 걸어갔습니다. 가까이 다가가보니 등을 들고 있는 사람은 앞을 보지 못하는 소경이었습니다.

"당신은 앞을 못 보시군요. 그런데 당신은 어째서 등불을 켜들고 다니십니까?"

남자는 호기심에 가득 찬 얼굴로 말했습니다. 그러자 소경은

"그 까닭을 알고 싶습니까?"

하고 말했습니다.

"네. 알고 싶습니다."

남자는 진지한 표정으로 말했습니다.

"내가 이 등불을 켜들고 다니는 이유는 눈 밝은 사람들이 내가 걸어가고 있다는 것을 알 수 있기 때문이랍니다."

소경은 빙그레 웃으며 말했습니다.

"오, 그렇군요! 그런 뜻이 있었군요."

남자는 조금만 생각하면 알 수 있는 것을 몰랐던 자신이 너무 부끄러웠습니다.

이 이야기에서 앞을 보지 못하는 시각 장애인이 등불을 들고 다니는 것은 다른 사람들에게 피해를 주지 않기 위해서지요. 등불을 들고 다니면 사람들이 그가 누구라는 것을 자연히 알게 돼

자신이 사람들과 부딪칠 염려가 없기 때문이지요. 만일 그가 등불을 안 켜고 다니면 사람들과 부딪쳐서 피해를 줄 수 있으니까요. 그리고 자신 역시 다칠 수 있기 때문입니다.

작고 사소한 일일지라도 남을 생각하는 마음은 참 아름답습니다. 그것은 참으로 소중한 복된 마음이니까요.

"남을 복되게 하면 자신의 행복은 한층 더 행복해진다."

이는 독일의 시인 글라임이 한 말로 남을 복되게 하는 이타적인 행동은 자신을 더 한층 행복하게 한다는 것을 잘 알게 합니다.

그렇습니다. 한창 꿈을 위해 노력하는 10대들이 이타적인 마음을 길렀으면 합니다. 그러면 자신을 이롭게 하고 행복하게 함은 물론 남도 이롭게 하고 행복하게 할 수 있을 테니까요.

생각비타민

남을 이롭게 하는 사람은
생산적인 삶을 사는 사람이지요.
남을 이롭게 하면 자신도 이롭게 하고
행복하게 하는 일이니까요.
그런데 대개 사람들은 이 평범한 진리를 잘 모릅니다.
세상 사람들이 모두 자신을 잘 되게 하는 데는 열심이
지만, 남을 이롭게 하는 데는 서툴기 때문이지요.
자신을 이롭게 하고 더 행복하게 하고 싶다면
남을 이롭게 하는 일에 힘쓰기 바랍니다.
그것이야말로 참 행복을 찾는 비결이니까요.

32

관대한 마음과
용서하는 자세 기르기

관용이란 말이 있습니다. 너그럽게 용서하고 받아들이는 마음을 말하지요. 아무리 잘못을 한 사람도 너그럽게 용서해주면 자신의 잘못을 진심으로 뉘우치고 좋은 사람이 될 수 있습니다. 사람이란 존재는 자신의 잘못을 뉘우칠 줄 아는 지각이 있기 때문입니다. 그런 까닭에 잘못을 반성할 수 있는 기회를 준다는 것은 참 바람직한 일입니다.

《프랑스 혁명사》로 유명한 영국의 역사가이자 사상가인 토머스 칼라일은 오랫동안 연구한 끝에 《프랑스 혁명사》원고를 마무리 했습니다. 칼라일은 심혈을 기울여 쓴 원고라 스스로 생각해도 가슴이 참 뿌듯했지요. 그는 친한 친구인 스튜어트 밀에게 검토하라며 원고를 보냈습니다. 밀은 원고를 읽다가 다른 일로 출타했다가 돌아왔는데 원고가 사라져버렸지요. 깜짝 놀라 알아보던 중 밀의 가정부가 쓰레기인 줄 알고 그만 난로에 태워버렸던 것입니다. 이 소식을 접한 칼라일은 눈앞이 캄캄했습니다. 하지만 그는 마음을 가다듬고 너그럽게 용서해주었습니다. 칼라일은 3년에 걸쳐 다시 글을 쓴 끝에 원고를 마무리하고 책으로 펴냈는데, 이 책으로 인해 명성을 얻고 큰 성공을 거뒀습니다. 다시 쓴 원고는 먼저 번 원고보다 훨씬 좋았다고 합니다. 전화위복이 된 것이지요.

밀의 가정부를 용서해준 칼라일은 진실로 관대한 사람이었습니다. 책을 쓴다는 것은 쉽지 않습니다. 더구나 《프랑스 혁명사》와 같은 역사서나 철학서 같은 책은 더더욱 많은 품이 들기 때문이지요.

"남이 잘못을 저질렀을 때는 잘못을 너그럽게 이해하고, 남이 잘못을 뉘우치면 곧 관용으로 잘못을 용서할 줄 아는 너그러움이 있어야 한다. 또한 자신의 생각이 깊고 너그러우면 이웃과 주변의 사람들의 호감과 신의를 얻게 된다."

이는 《논어》에 나오는 말로 관대한 마음으로 너그럽게 용서하면 사람들에게 좋은 이미지를 심어주고 신의를 얻는다는 것을 잘 알게 합니다. 관대한 마음은 사랑의 마음이지요. 이를 잘 알게 하는 이야기입니다.

어느 날 랍비 여럿이 길을 가고 있었습니다. 이야기를 나누며 길을 가고 있던 중, 무시무시한 도둑들과 맞닥뜨리게 되었습니다. 교활하고 잔인한 그들을 보는 순간 한 랍비가 말했습니다.

"저런 못된 인간들은 모조리 물속에라도 빠져 죽었으면 좋겠어요."

"그래요. 저런 악한들은 다 형벌을 받아 마땅해요."

랍비들의 얘기를 듣고 있던 가장 현명한 랍비가 말했습니다.

"아닐세. 우리 유대인들은 그렇게 생각해서는 안 되네. 아무리 죽어 마땅할 만큼 잔인한 인간들이라 할지라도 그런 기도는 해서는 안 되네. 악한들의 멸망을 기원하기보단 그들이 자신들이 저지른 죄가 얼마나 큰지 회개하기를 기원해야 하네."

"아니, 그게 무슨 말씀이세요? 저들은 그럴만한 가치가 없는 사람들 아닌가요?"

"맞아요. 저들은 없는 게 더 나아요."

랍비들은 또다시 자신의 생각을 말했습니다.

"과연 그렇게 생각하는가. 물론 그럴 수 있다는 생각이 드는 건 당연하네. 하지만 그들이 회개를 하여 착한 마음을 가질 수만 있다면, 그들 역시 선한 일을 할 수 있지 않겠는가. 그것이 우리 유대인들이 해야 할일이 아니겠는가. 우린 하나님의 자녀들이니까."

현명한 랍비는 이렇게 말하며 인자한 미소를 지었습니다.

이 이야기 속의 현명한 랍비는 참으로 관대한 사람이지요. 다른 랍비들은 형벌을 받아야한다고 말하지만 현명한 랍비는 악한들의 멸망을 기원하기보단 그들이 자신들이 저지른 죄가 얼마나 큰지 회개하기를 기원해야 해야 한다고 말하지요. 그러니까 잘못한 사람도 죄를 뉘우치고 좋은 사람이 되게 기회를 줘야한다는 것이지요.

옳은 말입니다. 사람은 누구나 잘못을 할 수 있습니다. 그럴 때 잘못을 반성할 수 있는 기회를 주면, 자신의 잘못을 뉘우치고 얼마든지 좋은 사람으로 거듭날 수 있답니다.

우리의 10대들은 관대한 마음을 길러야 합니다. 그러면 학교폭력도 훨씬 줄어들고, 친구를 배려하고 이해하는 마음이 커질 것입니다. 그러면 즐겁고 행복한 학교생활을 통해 꿈을 키우는데 큰 도움이 될 것입니다. 그리고 어른이 되어서는 어디를 가든 누구를 만나던 훌륭한 인간관계를 이어감으로써 보람된 삶을 살게 될 것입니다.

생각비타민

남의 잘못을 이해하고
용서해주기란 쉽지 않습니다.
하지만 그럼에도 관대하게 용서함으로써
착한 마음을 가질 수 있도록 도와주어야 합니다.
그러면 얼마든지 좋은 사람으로 거듭날 수 있답니다.
그리고 사람은 누구나
잘못을 할 수 있기 때문이지요.
그렇습니다.
관대한 마음은 자신도 남도 좋은 사람으로
살아가는데 큰 힘이 되어줄 것입니다.

—

나를 새롭게
변화시키는
참 좋은 글 30

—

01 아이는 아버지를 공경해야 한다.

아버지는 나를 낳아주고 길러주시는 참 고마운 분입니다.
고마운 아버지에게 잘 해 드리는 것은 자식의 도리이지요.

02 아버지의 자리에 아이가 앉으면 안 된다.

아버지의 자리에 자식이 앉는 것은 버릇없는 일이지요.
자식은 아버지에게 효와 예를 다 해야 합니다.

03 부모에게 말대꾸를 해서는 안 된다.

부모에게 말대꾸하는 것은 불효입니다.
어머니와 아버지에겐 언제나 공손해야 합니다.

04 만일 아버지가 남과 다투고 있으면 아버지 편을 들어야 한다.

아버지는 자신을 낳아주신 분이니
아버지 편을 드는 것은 자식으로서 마땅한 일입니다.

05 부모님을 존경하고 따르는 것은 부모님께서 먹을 것과 입을 것을 주시기 때문이다.

부모님은 먹이고 입히고 가르쳐 주시는 분입니다.
부모님께 효를 다하는 것은 자식의 의무이지요.

06 지혜는 그것을 이용하려고 하는 사람의 머리 위에서만 반
짝인다.

지혜는 지혜를 필요로 하는 사람에게
빛이 되어 도움을 줍니다.

07 책은 읽는 것이 아니라 배우는 것이다.

어떤 어린이들은 책을 대충 읽습니다.
대충 읽으면 머리에 남지 않지요.
정성껏 읽어야 머리에 남아 지혜가 되어줍니다.

08 묻는 것은 배움의 첫 걸음이다.

모르는 것은 반드시 물어 보아야 합니다.
묻지 않으면 알 수가 없기 때문이지요.

09 모르는 것을 묻지 않는 것은 쓸 데 없는 오만이다.

모르면서 질문하지 않는 것은
바보 같은 짓이며 교만한 일입니다.
모르는 것은 항상 물어서 알아야 합니다.

10 책을 읽는 사람은 세 가지 가르침을 지켜야 한다. 책을 가지고 있으면서 읽지 않는 사람, 책에서 사회에 유익한 교훈을 끌어내지 못하는 사람, 책을 읽고 자신의 생각을 끌어내지 못하는 사람은 소중한 세 아이를 잃는 것과 같다.

책을 가지고 있으면 반드시 읽어야 하고,
책을 읽고 사회에 좋은 일을 하지 못하면 안 되고,
책을 읽고 깨우치지 못하면 안 됩니다.
그것은 소중한 것을 잃는 거와 같기 때문이니까요.

11 한 명의 옛 친구는 열 명의 새 친구 보다 낫다.

오래 된 좋은 친구는
새로 사귄 친구가 많다고 해도 그들보다
더 좋다는 뜻으로
좋은 옛 친구를 소중히 하라는 말입니다.

12 연한 나무는 부러지지 않으나 단단한 나무는 부러진다.

사람은 부드러워야 함을 뜻합니다.
왜냐하면 강하면 부러지는 나무처럼
사람 관계에서 사이가 나빠지기 때문이지요.

13 부정한 혀는 부정한 손보다 더 나쁘다.

나쁘게 말하는 것은
나쁜 짓을 하는 것보다 더 나쁘다는 뜻으로
좋은 말을 해야 함을 뜻합니다.

14 현명한 사람은 자기가 무엇을 이야기하고 있는지 알고 있고, 어리석은 사람은 자기가 알고 있는 이야기를 한다.

지혜로운 사람은 되어야 합니다.
그렇지 않으면 어리석은 사람이 되어
무식한 사람이 되기 때문이니까요.

15 밀가루 장수와 굴뚝청소부가 싸우면 밀가루 장수는 까매지고 굴뚝청소부는 하얘진다.

서로 다투는 것은 서로에게 좋지 않습니다.
서로에게 나쁜 영향을 주기 때문이지요.

16 취한 자는 나쁜 술도 잘 마시고, 부정한 자는 더러운 돈도 잘 삼킨다.

이 말은 행동이 바르지 않으면
행실이 나쁜 사람이 됨을 뜻합니다.
우리는 행실이 바른 사람이 되어야 합니다.

17 자기보다 현명한 사람에게 지는 것이, 자기보다 어리석은
  자에게 이기는 것보다 낫다.

  이 말은 현명한 사람이 되라는 뜻입니다.
  현명한 사람은 어리석은 사람보다
  똑똑하게 살아갈 줄 알기 때문이지요.

18 날마다 오늘이 당신의 마지막 날이라고 생각하라. 그리고
  날마다 오늘이 당신의 첫날이라고 생각하라.

  이는 늘 시간을 소중히 하여
  성실하게 살아야 한다는 것을 말합니다.
  시간은 아주 소중한 보석과 같기 때문이지요.

19 자선을 하지 않는 사람은 아무리 큰 부자라도,맛있는 요리
  를 늘어놓은 식탁에 소금이 없는 거와 같다.

  돈이 아무리 많아도 남을 도울 줄 모르는 사람은
  삶의 소중함을 모르는 사람과 같습니다.
  즉, 남을 돕고 사는 사람이 되어야 한다는 말이지요.

20 질투는 천개의 눈을 가지고 있다. 그러나 한 개도 바로 보
  지 못 한다.

  남을 질투하는 마음은 나쁜 마음임으로
  좋은 마음이 되지 못 한 다는 뜻입니다.
  좋은 사람이 되고 싶다면
  질투를 버리고 착한 마음을 가져야 합니다.

21 만나는 사람 누구에게나 무엇인가를 배우는 사람이 세상에서 가장 현명한 사람이다.

사람은 무엇이든 누구에게든 항상 배워야 합니다.
배움은 자기를 참되게 하고,
똑똑하게 하는 일이기 때문이니까요.

22 입보다는 귀를 높은 자리에 두어라.

남에 말을 잘 들어주어야 한다는 것을 뜻합니다.
남의 말을 잘 듣는 것은 말을 잘 하는 것 이상으로
말을 잘 하는 거와 같답니다.

23 가장 중요한 것은 연구가 아니라 실천이다.

가만히 앉아서 연구하는 것도 좋지만
정말 중요한 것은 실제로 해보는 것입니다.
즉, 말보다는 행동이 더 중요하다는 뜻이지요.

24 반성하는 사람이 서 있는 땅은, 가장 훌륭한 랍비가 서 있는 땅보다 존귀하다.

잘못을 반성하는 사람이
반성을 하지 않는 똑똑한 스승보다도
더 올바르다는 것을 뜻합니다.
그러므로 잘못하면 반성하여 잘못을 고쳐야 합니다.

25 거짓말쟁이에게 주어지는 가장 큰 형벌은, 그가 진실을 말
    했을 때에도 사람들이 믿지 않는 일이다.

양치기 소년처럼 거짓말을 습관적으로 하면
그 어떤 말도 믿어주지 않기 때문에
거짓을 말하면 안 된다는 뜻이랍니다.

26 하루를 공부하지 않으면 그것을 되찾는데 이틀이 걸린다.
    이틀을 공부하지 않으면 그것을 되찾는데 나흘이걸린다. 일
    년을 공부하지 않으면 그것을 되찾는 데는 이 년이 걸린다.

공부는 다 때가 있습니다.
그래서 공부를 하지 않으면 그만큼 자기만 손해지요.
공부를 할 때는 열심히 공부를 해야 합니다.

27 자기를 아는 것이 최대의 지혜다.

자기 분수를 모르는 사람들은 어리석습니다.
그러나 자기 분수를 아는 사람은 똑똑하지요.
그래서 자기를 아는 사람은 실수를 잘 하지 않는답니다.

28 지식이 얕으면 이내 잃어버린다.

아는 것이 없는 사람은 무엇을 해도 잘 못합니다.
아는 게 없기 때문이지요.
아는 것은 힘입니다.
배우면 모르는 것도 다 알게 되지요.

29 정직한 사람은 자기를 지배하지만, 정직하지 않은 사람은 욕망에 지배당한다.

정직한 사람은 실수가 적습니다.
하지만 정직하지 못한 사람은 실수가 많습니다.
그래서 정직하지 못한 사람이
나쁜 길로 잘 빠지는 것입니다.

30 단지 하나에 들어간 한 개의 동전은 시끄럽게 소리를 내지만, 동전이 가득한 단지는 조용하다.

빈 수레가 요란하다는 말처럼
항아리에 동전이 하나면 시끄러울 수밖에 없습니다.
하지만 동전이 꽉 차면 빈틈이 없어 조용하지요.
사람도 속이 꽉 찬 사람은 함부로 말하고 행동하지 않습니다.
항상 조심해서 말하고 행동해야 탈이 적은 법이지요.